GERD OSSENBRINK

Nicht Himmel
Nicht Hölle

AF140415

Gerd Ossenbrink

Nicht Himmel Nicht Hölle

Essays und Zwischenrufe

Ohne Himmelsglück und Höllenqual
zu Würde, Freiheit und Selbstbestimmung

Zum Autor

Gerd Ossenbrink, geboren 1943,
katholisch sozialisiert, Schüler in einem Ordensinternat und
Abitur an einem Jesuitengymnasium, Lehrer und Schulleiter
a. D., ehem. Kommunalpolitiker, Öffentliche Interventionen
in gesellschaftlichen Diskursen.

Die Bibliografische Information der Deutschen Bibliothek

Die Deutsche Bibliothek verzeichnet diese Publikation in der
Deutschen Nationalbibliografie; detaillierte bibliografische Daten
sind im Internet über www.d-nb.de abrufbar.

© 2015 Gerd Ossenbrink

Herstellung und Verlag: BoD – Books on Demand,
Norderstedt

ISBN 978-3-7347-5958-1

Inhalt

Statt eines Vorworts

»Bei sozialen Differenzierungen setzt Religion ein Merkmal absolut: <u>Glauben</u>, alle anderen Unterschiede sind daran gemessen unerheblich. Den ›Ungläubigen‹ wird der Status des Menschseins abgesprochen. Religionen können Brücken zwischen den Menschen bauen; zugleich reißen sie neue, religionsbestimmte Abgründe zwischen den Menschen auf, wo keine waren. Weltreligionen überwinden soziale Hierarchien und Grenzen zwischen Nationen und Ethnien. Daraus entsteht allerdings die Gefahr, statt der ethnischen, nationalen und Klassenschranken <u>Barrikaden zwischen Rechtgläubigen und Falschgläubigen</u> bzw. Nichtgläubigen zu errichten.«

Ulrich Beck, Soziologe

»Immanuel Kant war noch davon überzeugt, dass die ihm nachfolgenden Generationen entweder in einem ›aufgeklärten Zeitalter‹ oder zumindest in einem ›Zeitalter der Aufklärung‹ leben würden, es wäre ihm kaum in den Sinn gekommen, dass die Menschheit 200 Jahre nach seinem Tod auf ein ›Zeitalter religiöser Gegenaufklärung‹ zusteuern könnte, in dem Gotteskrieger verschiedener Couleur den Takt vorgeben, nach dem die gesellschaftlichen Verhältnisse zu tanzen haben. Doch genau mit dieser Gefahr sind wir heute konfrontiert.«

Michael Schmidt-Salomon, Philosoph,
evolutionärer Humanist und Schriftsteller

Die beiden folgenden Zitate verlangen nach einer kurzen Erklärung. Sie stammen von Andreas Altmann. Er ist erfolgreicher Reiseschriftsteller, leidvoll katholisch sozialisiert in Altötting, heute Humanist und vehementer Gegner der drei monotheistischen Religionsvettern Judentum, Christentum und Islam und aller anderen Religionen. Er hat den klaren Blick für die Absurditäten der beobachteten Religionspraktiken bei den Rechtgläubigen und ihren sektiererischen Ablegern bei seiner Reise durch Palästina, dem »Verfluchten Land«. Es ist zum Heulen und es ist doch so grotesk, dass man schmunzeln muss, für einen kleinen Moment. Zwei Begebenheiten von seiner Reise:

»Als ich Kaffee bestelle, gibt es ihn nur schwarz. Denn, so lerne ich, Fleisch und Milch dürfen nicht zusammen konsumiert werden, dürfen sich nicht im selben Raum aufhalten. So steht es in der Thora, dem ›Wort Gottes‹. Vor dem Restaurant könnte ich den Kaffee mit Milch trinken. Ich wandere mit der Tasse und dem Mac in die Bar. Hier erlaubt es Jehova. Wie sagte es Einstein, der Göttliche, der Jude: ›Jeder Idiot kann die Dinge kompliziert machen. Das Geniale ist es, sie zu vereinfachen.‹«

Über die Begegnung mit einer 26-jährigen Finnin, Angehörige einer amerikanischen evangelikalen Kirche, der »pentacostal christian church« (Pfingstbewegung mit ca. fünfhundert Millionen Mitgliedern) berichtet er:

»*Soila hat Krankenschwester gelernt und gerade einen ›bible study course‹ in Jerusalem hinter sich, und redet genau wie jemand, dem frisch das Gehirn gewaschen (beschmutzt?) wurde. Kostproben: Israel ist hier der Meister, weil Gott den Juden das Land (sie meint Gesamtpalästina) geschenkt hat. So steht es geschrieben und so ist es auf ewig wahr. Und wer Jesus nicht als seinen Erlöser anerkennt, der wird in die Hölle fahren. Denn jeder hat heute die Chance, ihn zu erkennen, auch ein Muslim im hintersten Arabien. Denn er sieht ja fern und erfährt somit vom Retter der Welt. Wenn er nur will. Ja, Jesus hat sich für uns geopfert, hing am Kreuz für unsere Sünden, ja, keine andere Religion hat einen so lieben Gott.*«

So stelle ich es mir vor: Eine religiöse Kultur der aufgeklärten Moderne ist integraler Bestandteil der europäischen Kultur. Sie ist nicht mehr durch Irrationalität und Inbrunst gekennzeichnet, sondern durch Humanität, intellektuellen Reichtum, Vielstimmigkeit und Ästhetik. Sie löst bei aufgeklärten Menschen kein Befremden aus, da sie nicht dogmatisch, sondern pragmatisch handelt.

Religiöse erscheinen wie Sinnsucher, die mit einem Zauberstab, sagen wir, mit einer spirituellen Wünschelrute unterwegs sind. Sie schlägt sofort aus, wenn sie auf großes Glück oder großes Unglück stoßen. Es zeigt ihnen das Wirken Gottes an. Da diese Wünschelrute aber nicht bei allen Menschen ausschlägt, kann es sich aus ihrer Sicht nur um einen Mangel an Befähigung handeln oder es liegt am falschen Suchinstrument.

Es muss eine Konversion geben, wie immer das geschehen kann: Weg vom irrationalen Denken hin zu aufgeklärtem Wissen und Handeln. Dem steht der weltweit fortschreitende religiöse Fundamentalismus entgegen.

Ohne Totenkult und Jenseits-Erwartung leben wir weiter in unseren Nachkommen und in unseren Werken, seien sie groß oder klein und in freundlichen, gutmenschlichen Erinnerungen.

Sapere aude!
Habe Mut zu denken!

»Aufklärung ist der Ausgang des Menschen aus seiner selbstverschuldeten Unmündigkeit. Unmündigkeit ist das Unvermögen, sich seines Verstandes ohne Leitung eines anderen zu bedienen. Selbstverschuldet ist diese Unmündigkeit, wenn die Ursache derselben nicht am Mangel des Verstandes, sondern der Entschließung und des Mutes liegt, sich seiner ohne Leitung eines anderen zu bedienen. Sapere aude! Habe Mut, dich deines Verstandes zu bedienen! ist also der Wahlspruch der Aufklärung.«

Immanuel Kant (1724 – 1804),
Philosoph und Aufklärer

Als das erste Fahrzeug auf dem Mond landete, funkte Neil Armstrong den berühmt gewordenen Satz: »Ein kleiner Schritt für einen Menschen, aber ein riesiger Schritt für die Menschheit.« Das war im Überschwang des Glücksgefühls gesagt, eine technologische Großtat erfolgreich zum Abschluss gebracht zu haben und die Menschheit erstmals von außerhalb auf ihre kleine, blaue Erdenschönheit blicken lassen zu können.

Immanuel Kant, der Philosoph aus Königsberg, der in seinen achtzig Lebensjahren diese Stadt nie verlassen hat, hat der Menschheit einen noch größeren

Sprung ermöglicht, den zum uneingeschränkten Gebrauch der Vernunft, des freien Denkens, weg von göttlichen Geboten oder heiligen Schriften, die ihm vorschreiben, was er tun soll. Er hat den Menschen als Selbstgesetzgeber an die erste Stelle gerückt. Das war zu seiner Zeit grundstürzend gedacht und brachte ein religiöses Weltbild zum Einsturz. Die heiligen Schriften oder heiligen Texte sind keine göttlichen Dogmen, denen man bedingungslos zu folgen hat. Erst kommt die Moral, zu der der Mensch kraft seines Verstandes fähig ist, dann kann auch Religion da sein.

»Religion ist ein ›Fetischdienst‹, der immer und überall dort anzutreffen ist, wo nicht Prinzipien der Sittlichkeit, sondern Statuten, Gebote, Glaubensregeln, Dogmen und kirchliche Kontrolle die Grundlage und das Wesentliche der Religion bilden und dabei für den Menschen zur Fessel werden.«

Dieses Fazit seines langen Philosophenlebens hat alle Religiösen aufs Höchste aufgebracht, so dass selbst der preußische König Friedrich Wilhelm II., Seine Majestät von Gottes Gnaden, Kant per Edikt das Denken und Schreiben verbieten wollte. Der preußische König war auch Oberhaupt der protestantischen Kirche. Umsonst, Kant ließ sich nicht verbiegen und das Denken ließ sich nicht mehr aufhalten. Es hatte freilich bereits dreihundert Jahre zuvor begonnen, als die großen Denker, Wissenschaftler und Künstler in der Zeit der Renaissance die griechische Antike um

550 v. Chr. wiederentdeckten und ein neues Welt- und Menschenbild ermöglichten. Um 1500 n. Chr. war die katholische Kirche mächtig, ein monolithischer Block, der sich gegen jedes ketzerische Gedankengut mit allen Mitteln zur Wehr setzte. Viele Voraufklärer haben das mit dem Leben bezahlt oder sie wurden aus der Kirche ausgeschlossen, was einem Femeurteil gleich kam. Ein solcher Denker war der Dominikanermönch Giordano Bruno, der sich vom monotheistischen Weltbild einer von Gott bewirkten Schöpfung abwandte und der an das Jenseits der Dogmatiker nicht länger glauben mochte. Ein »Jüngstes Gericht« schloss er aus. »*Lachhaft zu sagen, außerhalb des Himmels sei nichts. Es gibt nicht eine einzige Welt, eine einzige Erde, eine einzige Sonne, sondern so viele Welten, wie wir leuchtende Funken über uns sehen.*« Man könnte es fast modernes astronomisches Denken nennen, es stellte damals Dogmen und Kirchenmacht in Frage und so wurde er zum Tod auf dem Scheiterhaufen verurteilt und am 17. Februar 1600 in Rom verbrannt, nicht ohne noch abschreckend zu zeigen, wodurch er »gesündigt« hatte, nämlich durch seine Worte. Also wurde ihm die Zunge festgenäht. In irdischen Strafen waren Gottgläubige immer sehr erfinderisch.

Der Siegeszug der Aufklärung ließ sich nicht aufhalten, der frühe englische Aufklärer John Locke legte seinem König erstmals eine Toleranz in religiösen Fragen nahe, viele weitere sind zu nennen: Jean-

Jacques Rousseau, der die Vernunft-, Lern- und Gesellschaftsfähigkeit des Menschen hervorhob, Voltaire, der ein Gegner der »statutarischen« Religionslehre des Monotheismus war und der sich einen »befreiten« Monotheismus vorstellen konnte, Moses Mendelssohn, der für aufgeklärte Menschen Bildung als das Maß und Ziel aller Bestrebungen postulierte, besonders aber auch Thomas Jefferson, der Verfasser der amerikanischen Unabhängigkeitserklärung und der Erklärung der Menschenrechte. Auch die erste Frau, die die Freiheit der Frauen einforderte, soll hier genannt werden. Sie heißt Olympe de Gouges. 1784 schreibt sie einen Roman, in dem sie ihre eigene Geschichte der Unterdrückung als Frau verarbeitet. Später ergreift sie Partei für schwarze Sklaven, prangert Unmenschlichkeit bei den weißen Kolonialherren an und beruft sich dabei auf die »natürlichen« Rechte jedes Menschen, für ihre Zeit ein unerhörter Gedanke. Sie fordert schließlich die Abschaffung der Sklaverei gegen alle kirchliche Autorität. »Die Menschen sind überall auf der Welt gleich«, schreibt sie. Sie macht sich natürlich die feudalen Kolonialherren zum Feind, gerät in die Wirren der französischen Revolution, bleibt ihrem aufklärerischen Denken treu, widersetzt sich dem düsteren Terror der Jakobiner, die den aufklärerischen Ruf nach Freiheit, Gleichheit und Brüderlichkeit in sein Gegenteil verkehrten, und wird schließlich verhaftet und zum Tod durch die

14

Guillotine verurteilt. Der gaffenden Menge ruft sie noch zu: »Kinder des Vaterlandes, ihr werdet meinen Tod rächen!«

Ein Geschichtsexkurs in einer solchen Betrachtung? Wenn man verstehen will, wie weit wir sind in unserer Zivilisationsgeschichte und ob die Aufklärung gesiegt hat oder ob es nur eine »halbe« Aufklärung gewesen ist, ist der Rückblick notwendig und hilfreich. Wir sehen, gewonnen ist der »Kampf um die Köpfe«, besser gesagt um den ganzen Menschen mit allen seinen Facetten noch nicht. Es steht vieles dagegen, aber es ist auch vieles möglich, nämlich frei zu denken, zu reden und sogar zu schreiben. Das ist der große Sprung, den Aufklärung möglich gemacht hat. Jemand kann heute im katholischen Milieu sozialisiert worden, durch ein katholisches Ordensinternat und eine Jesuitenschule gegangen sein und als »vom Glauben zum Wissen« gekommener Erwachsener weiterhin Kirchenmitglied und Kirchensteuerzahler sein und, mit Verständnis für alles Religiöse, dennoch religionsfrei leben. Die christlichen Kirchen in Deutschland sind in ihrem heutigen Verständnis, alle dogmatische Engführung einmal beiseite lassend, die letzten Zufluchtsorte für menschliche Not, für praktizierte Nächstenliebe und für emphatische Zuwendung zum Menschen. Sie unterhalten die größten Hilfswerke der Menschheitsgeschichte. Auch der religionsfrei Lebende teilt die Ethik des Humanen, die heute von den Kirchen praktiziert wird. Aller Dogmatismus ist überflüssig, nicht aber eine Spiritualität, die aber auf das Diesseits bezogen sein muss und die eine Sinngebung für das schwierige Leben im Hier und Jetzt ermöglicht. Es geht um die würdevolle Existenz in unserem Biotop Erde.

Bis die durch die Schule der Aufklärung gegangenen christlichen Religionen des Westens sich auch zu dieser Würde bekennen konnten, wurde von den Inhabern der gottverliehenen Macht gekämpft, verketzert, indiziert, ausgeschlossen und verbrannt, in welcher der beiden christlichen Kirchen mehr, möchte ich nicht entscheiden und überlasse das dem kundigen Leser.

Heute gibt es die Mischformen des Religiösen in den westlichen, aufgeklärten, säkular und laizistisch verfassten Gesellschaften. Die moderne Welt ist unübersichtlich und lässt sich kaum noch gedanklich ordnend in den Griff bekommen. Die islamische, buddhistische, hinduistische und sonstige polytheistische Welt mit unzähligen Ablegern und Sekten einmal vereinfachend beiseite lassend, was eigentlich völlig überheblich ist bei ca. drei Milliarden Menschen in diesen Weltreligionen, komme ich zu dem Bild des Religiösen, der religiösen Praktiken in unseren Ländern. Es gibt Kirchen mit dogmatischer, »statutarischer« (Kant) Lehre und einer diese lehrenden Priesterschaft sowie einer sie glaubenden und mehr oder weniger streng praktizierenden Anhängerschaft mit noch intakten, festen Bindungen. Im Westen lässt sie stark nach, in der Bundesrepublik sind jeweils achtundzwanzig Prozent der Gesamtbevölkerung Mitglied in einer der beiden Großkirchen. Es schwankt in den europäischen Ländern sehr stark, wird aber überkompensiert in den Ländern Südamerikas und den neuen christlichen Ländern Afrikas und Asiens. Hier haben die christlichen Kirchen, vor allem die römisch-katholische Kirche, großen Zulauf. In den »alten« christlichen Ländern Europas, insbesondere in Deutschland, ist der größere Teil der Kirchenmitglieder nicht mehr gläubig im streng orthodoxen Sinne, lebt weitgehend religionsfrei mit lockerer Bindung an die Kirche, festhaltend an den überkommenen Riten bei Taufen, Hochzeiten oder Begräbnissen, also ohne sich vollständig durch Austritt zu lösen. Die Religiösen begeben sich auf die Suche nach dem »eigenen Gott« (Ulrich Beck), der natürlich dem gelernten Bild des monotheistischen christlichen Gottes nicht unähnlich ist, inbegriffen der Glaube an und die Hoffnung auf das Jenseits und einen Gott, der unmittelbar eingreift und regelt. Diese Kirchenmitglieder sind eigentlich ein Widerspruch, aber ein auszuhaltender in der neuen Unübersichtlichkeit. Vielleicht sollte man sie »religionsabstinente Gläubige« nennen. Selbst rechnen sie sich häufig zu

17

den Agnostikern, d. h. sie sind nach vielen Seiten offen; ein Spötter hat das »undicht« genannt.

Religionsfrei ohne Kirchenanbindung leben in Deutschland über dreißig Prozent der Bevölkerung, aber nur etwa 35.000 Menschen bekennen sich auch dazu oder sind als Religionsfreie in irgendeiner Weise organisiert. Sie gehen offensiv gegen orthodoxe Weltbilder und fundamentalistische religiöse Haltungen an und gegen die Indoktrinierung und Einflussnahme der Großreligionen in der demokratischen Gesellschaft.

Ein Blick in unsere Verfassung zeigt indes, dass es nicht ganz unberechtigt ist, von »halber« Aufklärung (Michael Schmidt-Salomon) zu sprechen.

*»Im Bewusstsein **vor Gott** und den Menschen hat sich das Deutsche Volk dieses Grundge*setz gegeben«, so beginnt die Präambel unseres Grundgesetzes. Entsprechende Formeln, die nicht säkular oder aufgeklärt klingen, finden sich in dreizehn Landesverfassungen, beispielhaft zitiere ich aus der Verfassung Baden-Württembergs: *»Im Bewusstsein **vor Gott** und den Menschen ...«* usw.

*Art. 12 Die Jugend ist in Ehrfurcht **vor Gott** und **im Geiste der christlichen Nächstenliebe** zu erziehen.*

*Art. 15 Die öffentlichen Volksschulen (Grund- und Hauptschulen) haben die Schulform der **christlichen** Gemeinschaftsschule.*

*Art. 16 In **christlichen** Gemeinschaftsschulen werden die*

18

Kinder auf der Grundlage **christlicher** *und abendländischer Bildungs- und Kulturwerte erzogen.*

Unsere Verfassung will indes auch religiös und weltanschaulich neutral sein. Der Art. 4 unseres Grundgesetzes definiert die Religionsfreiheit. Darauf berufen sich die Religiösen wie auch die Religionsfreien. Er lautet:

Art. 4.1 Die Freiheit des Glaubens, des Gewissens und die Freiheit des religiösen und weltanschaulichen Bekenntnisses sind unverletzlich.

Art. 4.2 Die ungestörte Religionsausübung ist gewährleistet.

Das sind die Vorgaben für eine »offene Gesellschaft«, die sich multiethnisch, multikulturell und multireligiös bzw. religionsfrei weiterentwickelt hat. Es muss ein Widerspruch von realitätsfernem Anspruch und Wirklichkeit entstehen, denn wie soll alles christlich vorgegeben sein und gleichzeitig bekenntnisoffen oder gar bekenntnisfrei geregelt werden können? Bizarr allerdings wird es, wenn in Schleswig-Holstein im Jahre 2014 die Christlich Demokratische Union (CDU) eine Initiative gestartet hat, um den Gottesbezug in die Landesverfassung aufzunehmen, in der er bisher nicht steht. Die erforderliche Zweidrittel-Mehrheit wird es nicht geben, aber man hat religiös Flagge gezeigt und hofft auf die Stimmen der Christen. Man muss von Heuchelei sprechen.

Innerhalb dieses Verfassungsrahmens laufen die Aus-

einandersetzungen zwischen den religiös angedock-
ten Mehrheiten und den religionsfernen Minderhei-
ten um gesetzliche Regelungen, um Sonderregeln für
die Kirchen, um große Fragen wie z. B. Abtreibung,
Sterbehilfe, Gleichstellung von Homosexuellen und
andere mehr. Die Auseinandersetzungen werden sehr
ernsthaft, aber auch erbittert geführt. Als 2013 ein
Kölner Amtsrichter die Beschneidung eines muslimischen Jungen als eine rechtswidrige Körperverletzung
verurteilte, war der Aufschrei der Religiösen groß und
wurde erstmalig von den Anhängern der drei Monotheismen synchron vorgetragen: »Angriff auf die Religionsfreiheit«, »Verletzung des Elternrechts auf religiöse Erziehung« und ähnliche Argumente wurden
medial ins Feld geführt. Der Gesetzgeber war gefordert und er traf eine Regelung zugunsten der Religionen, vornehmlich der jüdischen und der islamischen,
denn hier ist die Beschneidung des Jungen das vorge-
schriebene Religionsbeitrittsritual, seit Jahrtausenden
so praktiziert. Es ist ein blutiger, schmerzlicher und
nicht rückholbarer Eingriff in die körperliche Unversehrtheit des Kindes. Meine Hoffnung war es, dass
die Vertreter der beiden betroffenen Religionen freiwillig diesen dreitausendjährigen blutigen Akt durch
eine symbolische Handlung ersetzt hätten. Es wäre
ein Schritt hin zu einer »aufgeklärten« Form der religiösen Praxis, einem säkularen Staat angemessen. Die
Orthodoxen haben das weit von sich gewiesen. Der

Gesetzgeber hat den Eingriff nunmehr als rechtmäßig erklärt, mit einer deutlichen Mehrheit. Man sagt, der Religionsfrieden wurde als ein hohes Rechtsgut gewahrt. Meine abweichende Meinung habe ich einigen Abgeordneten der Partei, der ich meine Stimme gegeben habe, schriftlich mitgeteilt. Ich schrieb, dass der Abgeordnete B. eine flammende Verteidigungs- oder Rechtfertigungsrede für diesen barbarischen tausendjährigen Akt gehalten hat und dass er die »Argumente« der Theisten eins zu eins als richtig und nicht hinterfragbar hinnimmt: *Gott habe diesen Bund geschlossen* und als Zeichen dafür die Beschneidung am achten Tage »angeordnet« (jüdisch). Welch ein Schlag wider die Vernunft und die Aufklärung! Völlig unbeeindruckt nimmt der Abgeordnete B. eigenmächtig eine Grundrechtsabwägung vor, wie sie nur unserem Verfassungsgericht zusteht. Seiner Meinung nach ist die Religionsfreiheit und das Bestimmungsrecht der Eltern bei dieser Vorhautabtrennung, die er eine Petitesse für das Kind nennt, höher einzustufen als das Kindesrecht auf körperliche Unversehrtheit, auf das Fernhalten von unnötiger Schmerzzufügung und das Selbstbestimmungsrecht jedes Menschen. Allen Kritikern empfiehlt der Abgeordnete die Lektüre der Bibel, so weit, so schlecht.

In den Schulen ist der Einfluss der Kirchen besonders groß und für die »Körperschaften des öffentlichen Rechts«, was sie rechtlich sind, sehr wichtig, findet doch hier die so wichtige weltanschauliche Prägung ihre Fortsetzung und Festigung. Es gibt öffentliche Konfessionsgrundschulen beider Bekenntnisse und christliche Gemeinschaftsgrundschulen ohne Bekenntnisnennung als Regelschulen. Die Lehrerinnen und Lehrer werden an staatlichen Universitäten ausgebildet, auch die Religionslehrer. Damit sie aber lehren dürfen, brauchen sie zusätzlich ein kirchlich ausgestelltes Zertifikat, das die Kirchen nach einer Überprüfung ausstellen, es heißt »Missio« (katholisch) oder »Vocatio« (evangelisch). Da es inzwischen eine völlig gewandelte multiethnische und multireligiöse oder bekenntnisfreie Gesellschaft gibt, lässt sich dieses nach Konfessionen geschiedene Grundschulsystem nicht mehr aufrechterhalten. Alle Schulen sollen zu (christlichen, sic!) Gemeinschaftsschulen umgewandelt werden, so wollen es inzwischen mehrheitlich die Erziehungsberechtigten und so will es inzwischen wohl auch der Gesetzgeber, wobei das Adjektiv »christlich« beibehalten wird. Die Kirchen kämpfen verzweifelt um dieses Verfassungsprivileg der konfessionellen Schule, in diesem Fall aber werden sie von der säkularen Gesellschaft überholt.

Das Land Berlin hat in seinen Sekundarschulen statt Religion das Pflichtfach Ethik eingeführt, das religiöse Lager hat heftig dagegen polemisiert. Da Politik volatil ist, ist ein »roll back« aber jederzeit möglich. So leicht ist Aufklärung und Säkularität auch bei uns nicht zu haben. Dennoch ist der Weg dahin unumkehrbar beschritten.

Bei einer Debatte um das Thema Sterbehilfe/Sterbebegleitung (Beihilfe zur Selbsttötung oder Tötung auf Verlangen oder passive Sterbehilfe), ein sehr schwieriges und jeden Menschen bewegendes Thema, ging es sehr stark um die Frage der Würde des Menschen. Interessant für unsere Frage ist, dass die beiden Kirchenfunktionäre, eine ehemalige evangelische Bischöfin und ein evangelischer Pastor und jetziger Abgeordneter, der eine Gesetzesnovellierung zu der Frage anstrebt, und auch ein katholischer Ärztevertreter nicht einmal das Wort »Gott« in den Mund genommen haben, sondern sehr vernunftbetont und auf der Basis einer allgemeinen Ethik des Humanen argumentierten. Ich halte es für einen Fortschritt hin zu aufgeklärtem Denken, das aber keine Beliebigkeit bedeutet. Gespannt muss man darauf sein, wie der orthodoxere Teil der Religiösen sich positioniert.

Es wird noch für lange Zeit beides geben, die machtvollen Manifestationen der beiden christlichen Kirchen, mit viel Pomp umgeben bei den Katholiken, bescheidener bei den Evangelischen. Es wird auch verstärkt die Inbrunst heischende, singende und/oder tanzende Bekehrungswut von evangelikalen und anderen Sekten geben und es gibt weiterhin die mehr oder weniger religionsferne Alltagsreligiosität (ein Widerspruch?) der meisten Kirchenmitglieder (und auch religiöser Nicht- oder Nicht-mehr-Mitglieder) in den Großkirchen.

Nicht bei allen Christen und überall ist die Aufklärung »angekommen«. Schätzungsweise eine halbe Milliarde Menschen bekennen sich als evangelikale Christen oder zu Pfingstkirchen oder nennen sich »Wiedergeborene Christen«. Sie nehmen die Bibel wörtlich und sind Kreationisten. Sie könnten in den zukünftigen Konflikten, die religiös befeuert sind, auch wenn andere, z. B. soziale, Ursachen mitspielen, eine große Rolle spielen. Die immerwährende Sehnsucht des Menschen nach spirituellem Erleben und nach Sinnsuche lässt Religion in anderen Weltregionen wieder zu neuer Blüte kommen. Auf die Evangelikalen Amerikas bin ich in einem anderen Text eingegangen. Sie missionieren weltweit mit überwältigendem Erfolg. Der Journalist Thomas Fischermann beschreibt in der Wochenzeitung ›Die Zeit‹ das Wirken von Evangelikalen in Brasilien: »*Evangelikale Freikirchen sind das große Ding bei den Nicht-mehr-Armen. In Stadtvierteln, wo die neue Mittelschicht wohnt, gibt es kaum eine Straße, in der nicht irgendeine evangelische Freikirche stünde. Sie heißen ›Göttliche Versammlung‹ oder ›Universalkirche des göttlichen Königreiches‹, ›Weltkirche der Macht Gottes‹ oder ›Internationale Kirche der Gnade Gottes‹. Den größten Zulauf erhalten streng evangelikale Kirchen und Pfingstkirchen wie die von Pastor Malafaia. Sie verbieten Alkohol, Sex, Drogen und*

sogar das Tanzen. In ihnen treten charismatische Predi-
ger auf, Gemeinden beten in Ekstase, Wunderheilungen
geschehen und Dämonen werden ausgetrieben.«

Inzwischen zählt allein diese Gruppe in Brasilien 50
Millionen Mitglieder. Brasilien ist ein Land mit einer römisch-katholischen Bevölkerungsmehrheit. Es
herrscht weitgehend religiöse Toleranz. In Deutschland leben die Menschen religiös und aufgeklärt und
religionsfrei und säkular. Nichts könnte das deutlicher kenntlich machen als das Bild der Staatsspitze
im Jahr 2012.

Abb. 1: Christian Wulff, Joachim Gauck mit Lebensgefährtin,
Horst Seehofer mit Gattin

Es zeigt: Christian Wulff, zurückgetretener Bundespräsident, katholisch, geschieden, wiederverheiratet, ein Kind aus jeder Ehe, ehemaliger Ministerpräsident, CDU-Mitglied; Joachim Gauck, neu gewählter Bundespräsident, ehemaliger evangelischer Pfarrer, verheiratet, aber von seiner Frau getrennt lebend, Vater von vier Kindern, mit seiner jetzigen Lebensgefährtin; Horst Seehofer mit Ehefrau, Bundesratspräsident, Bayerischer Ministerpräsident, katholisch, CSU-Mitglied, verheiratet, ein Kind aus einer außerehelichen Beziehung

Das ist die Staatsspitze eines heutigen säkularen, aufgeklärten und mehrheitlich sich auf das Christentum berufenden Staates. Ist das schon ein, mindestens halber, Sieg der Aufklärung? In Deutschland scheinbar ja. So stelle ich es mir vor: Eine religiöse Kultur der aufgeklärten Moderne ist integraler Bestandteil der europäischen Kultur. Sie ist nicht mehr durch Irrationalität und Inbrunst gekennzeichnet, sondern durch Humanität, intellektuellen Reichtum, Vielstimmigkeit und Ästhetik. Sie wirkt auf religionsfreie Menschen nicht befremdlich. Wenn Gläubige auch über das Religiöse, das Heilige, Witze machen können, wirkt es befreiend. Besonders scharfsinnig, aber auch hintergründig und manchmal traurig ist es im Judentum. Auch bei Christen ist es nicht mehr ungewöhnlich. Inbrünstige sind meist nicht witzig. Daher sei ein solcher Witz am Schluss dieser Überlegungen gestattet.

Ein Jude begeht Selbstmord und wird von Gott zur Rede gestellt: »Warum hast du das getan? Weißt du denn nicht, dass ein Jude sich nicht töten darf?«

»Ja«, sagt der Jude, »aber mein Sohn hat sich taufen lassen.«

Darauf der liebe Gott: »Na, und meiner hat sich auch taufen lassen.«

»Und was hast Du darauf gemacht?«, will der Jude wissen.

»Ein neues Testament.«

Ein (unfrommer) Wunsch?

Eine pakistanische Schriftstellerin, im französischen Exil lebend, kritische Muslima, 2006 geflohen vor ihren fundamentalistischen »Glaubensbrüdern«, die sie mit dem Tod bedrohen, erklärt auf die Frage nach ihrem größten Wunsch: »Das Ende der Religionen.« Ein rationaler Wunsch? Sicherlich nicht, aber ein verständlicher Wunsch, ja sicher! Sie sucht eine Welt, in der Religion kein System der Unterdrückung von Menschenrechten darstellt. Kann der christliche Westen das bieten?

Die Frau hat vor Augen ihre 1.400-jährige islamische Religion, eine Zwangsreligion für die Menschen, die dort geboren werden oder leben ohne ein Abmeldeformular für einen Austritt, mit der Verfasstheit einer Staatsreligion, mit dem Heiligen Buch des Propheten, dem Koran, unmittelbar von Allah diktiert und dem daraus abgeleiteten allumfassenden Gesetz für islamische Lebensführung, der Scharia. Sie gibt für alle Gläubigen, die nicht widerständig sind, den Lebenstakt vor. Alle Heiligen Bücher wollen das. Sie enthalten jeweils das, was die homogene Gruppe der Gläubigen zusammenhalten soll und kann, einen absoluten Zwang zur Zusammengehörigkeit und der religiösen Inbrunst und die Regeln für das rigide, gewaltsame Vorgehen gegen alles, was der oder die Religionsgründer ausgeschlossen haben als nicht zu ihrer Religion gehörend, also Abweichler aus der eigenen Religionsgruppe oder Fremde mit anderem Gott oder anderen Göttern. Die Heiligen Bücher Bibel und Koran sind voll von solchen Erzählungen, wie mit Abweichlern umzugehen ist. »Jagt sie fort!« oder »Tötet sie!«, lautet der »Gottesbefehl«. Er soll die innere Ordnung wiederherstellen. Darum geht es. Gegenüber den Anderen, den Ungläubigen, die nicht zur Gemeinschaft gehören, gilt entweder das Bekehrungsgebot oder, in letzter Konsequenz, das Tötungsgebot. Es hat Zeiten religiöser Toleranz gegeben, aber es konnte jederzeit wieder »kippen«. Jeder verfassten Religion geht es um Unverrückbarkeit und Regelhaftigkeit nach innen und die strikte Abgrenzung nach außen. Der Islam hat damit fast 1.400 Jahre unverändert überdauert, das Judentum sogar 3.000 Jahre. Und das Christentum?

Die verfolgte Muslima, sie könnte aus jedem islamischen Land stammen, floh wohin? Nach Frankreich, einem »christlich-abendländischen« Land, christlich, weil vor 1.700 Jahren der römische Kaiser Konstantin das Christentum zur Staatsreligion gemacht hat und daraufhin die Christus- oder besser Paulus-Anhänger mit der Hilfe ihres Gottes missioniert und bekehrt haben, mit der Predigt, aber später auch mit Feuer und Schwert, wie wir wissen. »Abendländisch« ist lediglich eine geografische Floskel als Abgrenzung zum, aus damaliger christlicher Sicht, heidnischen Morgenland. Nur etwa sechshundert Jahre hat es gebraucht, um Europa und Teile Nordafrikas zu christianisieren, bis dann durch die Entdeckung Amerikas 1492 und später der restlichen Welt auch diese »neue« Welt dem christlich-westlichen Kulturmodell mit der zugehörenden Religion unterworfen wurde. Nur der größte Teil Chinas und anderer asiatischer Länder blieb noch christlich »unbekehrt«, bis auch dort der christliche Kolonialismus bekehrend wirkte, allerdings nicht »flächendeckend«. Große Teile Asiens waren inzwischen schon islamisch bekehrt. Die uralten, nicht monotheistischen Religionen, Taoismus, Buddhismus und Hinduismus, setzen der Bekehrungsfreude bis heute Widerstand entgegen und bleiben weitgehend religiös autonom.

Bevor ich weiter über die Realisierbarkeit eines solchen Wunsches einer bedrohten Frau nachdenke, muss ich einige Realitäten kennen und anerkennen. Eine »religionsfreie« Welt? Sie ist schlechterdings nicht vorstellbar. Religion war seit der Bewusstwerdung des Menschen etwa vor 100.000 Jahren immanenter Bestandteil seiner Art oder jedenfalls seiner kleinen Hominiden-Gruppe, sicherlich hat Angst eine Rolle gespielt, vielleicht auch von Beginn an eine Urspiritualität, die die Bindungen untereinander sehr gefestigt hat. Religion war, wahrscheinlich zunächst als schamanischer Zauber zum In-Berührung-Kommen mit der anderen, der göttlichen oder dämonischen Welt, Urheber, jedenfalls Verursacher der kulturellen Evolution zehntausende Jahre später, von den Ägyptern über die Babylonier, Griechen, Römer, die buddhistischen und hinduistischen Reiche in Asien bis zu dem monotheistischen Staat der Juden und den monotheistischen »Weltreichen« der Christen und Muslime. Gott oder Götter waren für die Menschen a priori vorhanden, Theologie und Priesterkasten waren die zwangsläufige Folge. Alle Manifestationen dieser Kulturen, die überkommen sind und die wir kennen, sind Ausdruck des Religiösen, seien es Pyramiden, Tempel oder Kirchen und die entsprechenden religiösen Kulte und zeremoniellen Handlungen. Kultur hatte immer *den* religiösen Kern, sie war Religion. Die bekannten religiösen Kulturen hatten lange Bestand, Jahrtausende lang. Unser christliches (eigentlich griechisch-jüdisches) Abendland besteht seit 1.700 Jahren, seit das Christentum durch Kaiser Konstantin zur Staatsreligion erhoben wurde. Es ist seither der bestimmende kulturelle Faktor, es war mit Macht ausgestattet und übte diese in einer strengen feudal-hierarchischen Struktur aus. Seine Kulturschöpfungen sind mannigfaltig und überwältigend, sie beeindrucken jeden Menschen, sei er religiös unterwegs oder religionsfrei. Eine romanische oder barocke Kirche, ein gotischer Dom oder eine entsprechende Klosteranlage und die mit ihnen verbundenen

Kunstwerke oder die Musik von den Anfängen bis etwa zu Johann Sebastian Bach sind unser kulturelles Erbe, es ist »religionsinduziert«, es ist Weltkulturerbe. Nur in diesem Kontext von religiöser Pracht- und Machtentfaltung konnten sich die Menschen verorten, darüber hinaus konnte nicht gedacht werden, so war es mindestens bis zur Säkularisation und dem Ende des tausendjährigen »Heiligen Römischen Reiches Deutscher Nation« im Jahre 1806.

So oder ähnlich könnte man auch eine islamische, buddhistische, hinduistische Kulturgeschichte des Religiösen in den ihnen vorbehaltenen Teilen der Welt schreiben. Nur die jüdische Geschichte verläuft völlig anders, weil die Juden nach der Zerschlagung des jüdischen Staates durch die Römer 70 n. Chr. in der Diaspora lebten, das heißt über die ganze Welt verstreut. Ihre Heimat, so formuliert es der Schriftsteller Maxim Biller sinngemäß, war ihre Religion, manifestiert durch Synagoge und Thora und religiöse Riten. Machtoptionen waren ihnen nicht gegeben, dafür gingen von ihnen vielfältige kulturelle Leistungen aus.

Der Wunsch der bedrohten Muslima scheint unerfüllbar. Eine Weltrenaissance oder eine Weltaufklärung nach europäischem Vorbild wird es nicht geben. Dennoch ist das theokratische Zeitalter endgültig zu Ende gegangen und andere Formen der Machtlegitimation sind an seine Stelle getreten. In der christlich-abendländischen Welt ist es die Legitimation durch demokratische Wahlen. Es hat mit der amerikanischen Unabhängigkeitserklärung und der Erklärung der Menschenrechte 1776 seinen Anfang genommen und ist auch nach dreihundert Jahren immer noch verbesserungswürdig. Das aber wird (noch) nicht der Königsweg für die ganze Welt sein, dagegen stehen zu viele Unwägbarkeiten für die Verfasstheiten anderer Länder und Regionen mit einer völlig anderen religiös-kulturellen Entwicklung.

Die Frage nach dem Bestand oder gar einer Renaissance der Religionen beantworten die schieren Zahlen. Von der Gesamtweltbevölkerung von 7,2 Milliarden Menschen sind 2,5 Milliarden Christen, davon 1,1 Milliarden Katholiken, 1,5 Milliarden Muslime, 1 Milliarde Buddhisten, 500 Millionen Hindus, 15 Millionen Juden und weitere 100 Millionen gehören zu anderen Religionsgemeinschaften. Nur etwa 16 Prozent der Weltbevölkerung werden den Religionsfreien zugerechnet. Es ist ein eindeutiges Bild und es bedarf keines weiteren Kommentars.

Wie aber hat sich die Wandlung von theokratischen zu demokratischen Verfassungen und Staaten im christlichen Teil der Alten Welt und Amerikas vollziehen können? Es war die europäische Renaissance und in ihrem Gefolge die Aufklärung, die das monotheistische Weltbild erschüttert haben und den Menschen als freien Gestalter der eigenen Geschicke

»entdeckt« haben. So konnte der Schritt zu den säkularen Verfassungen der Neuzeit und Gegenwart getan werden. Religion wurde nun abgekoppelt von Macht und Herrschaft, blieb aber immer noch eine machtvolle Größe eigener Art, »eingehaust« durch säkulare und laizistische Verfassungen.

Aus der Gemeinschaft der Heiligen Katholischen Kirche ist die heutige Dienstleistungs- und Angebots-Kirche geworden, die ihre Angebote mit dem mächtigen Mitbewerber aus dem lutherisch-protestantisch-reformatorischen Lager teilen muss. Ein Mönch namens Martin Luther hatte 1517 den monolithischen Block »Römisch Katholische Kirche« gesprengt, fünfhundert Jahre ist das her. Nach dem Augsburger Religionsfrieden von 1530 (»cuius regio, eius religio«) standen, leider nicht immer schiedlich friedlich, zwei christliche Kirchen da, die nach dem Landesherrn dem einen oder anderen Bekenntnis zugeordnet waren. Sie waren Staatskirchen mit Macht und Herrschaftsanspruch, immer noch, es galt ein christlich modifiziertes, aber eben auch alttestamentarisches Recht, stabil nach innen, aber unnachgiebig gegen Ketzer, Abweichler, Ungläubige und Andersgläubige. Bis zum Ende des 18. Jahrhunderts hatte sich in den christlichen Ländern die »säkulare Revolution« weitgehend durchgesetzt und bis heute auch die demokratische.

Heute fliehen Menschen; wie wir hören, sollen es bis

zu fünfzig Millionen sein. Viele machen sich auf nach Europa, dem ehemals monochristlichen Kontinent. Was bewegt die Menschen dazu, alles aufzugeben, Heimat, Familie, eine soziale Einbettung, um sich für meist ungeheure Geldbeträge von dubiosen Schleppern oder auf den abenteuerlichsten und erbärmlichsten Wegen auf in die gelobten Länder des Westens zu machen? Die Frage stellen heißt sie beantworten: Not, Elend, miserable Lebensbedingungen, Verfolgung und Vertreibung wegen ethnischer und/oder religiöser Zugehörigkeit. Es ist eine Gemengelage der Ursachen von Migration.

Die Perspektivlosigkeit in den meisten Ländern Afrikas, vielen Ländern Asiens und, mit Einschränkungen, Lateinamerikas ist mit Händen zu greifen. Die Einkommen liegen unterhalb der für diese Länder geltenden Armutsgrenze. Armut und Kinderreichtum gehören zusammen und führen zu einem starken Bevölkerungswachstum, was wiederum noch mehr Armut und Druck erzeugt. Die Stärksten und/oder Klügsten und Furchtlosesten brechen auf. Sie sind über die Lebensbedingungen in Europa informiert und möchten ein Stückchen vom Paradies abbekommen.

Nun brechen noch dazu ethnische Konflikte aus, die sich zu Bürgerkriegen und Terrorkriegen ausweiten. Über siebzig Prozent dieser Konflikte haben aber eine religiöse Unterfütterung, das macht uns fassungslos und hilflos, weil es scheinbar nicht vorhersehbar war. Diese religiöse Aufladung von Konflikten in vielen Teilen der Welt schärft unseren Blick auf die andere Seite, die Janusköpfigkeit der Religionen im vorsäkularen Zustand. Für die eigenen Gläubigen bieten sie Schutz und eine umfassende Regelung für alle Bereiche des Lebens und sie bieten einen Raum für Spiritualität und religiöse Inbrunst. »Jenseits des Zaunes« aber, so Sloterdijk, für die Anders- oder Ungläubigen, gilt das Bekehrungs-, Vertreibungs- oder Tötungsgebot. Es wird von den Religiösen oft bestritten, für mich aber ist es unbestritten oder es war für lange Jahrhunderte unbestritten. Die neuen ethnischen und sozialen Konflikte bewirken eine Rückkehr dieser atavistischen Formen der Abgrenzung oder sie führen zu rigider Missionierung und Zwangsbekehrung. Die jesuanische Revolution veränderte den Monotheismus der Juden und die Gottesvorstellung vollständig. Es war eine revolutionäre Wandlung des Gottesbildes, weg vom strafenden, rächenden Gott zu einem Gott der Liebe und der Vergebung, ein »menschlicher« Gott, zwar noch immer der Allmächtige, aber nicht mehr Unnahbare. Mit diesem neuen Gottesbild der neuen Sekte der Jesusanhänger, die dann später die christliche Kirche wurde, war der Anstoß zu einer »humanen« Religion gelegt, auch wenn das in dem

Eineinhalbjahrtausend der Christenmacht verschüttet war.

Das nachkonstantinische staatskirchliche Christentum war durchaus kein Hort des Friedens, sondern es war durch unzählige religiös induzierte Kriege, Kreuzzüge (»deus vult«, »Gott will es«, Papstaufruf) durch Gewalt gegen Anders- und Ungläubige, durch Missionierung der sogenannten Heiden, durch Zwangsbekehrung ganzer Völker, durch Inquisition, Ketzerverfolgungen und schließlich den großen innerchristlichen Dreißigjährigen Krieg (1618 bis 1648) gekennzeichnet, der mindestens die Hälfte der Bevölkerung im damaligen Reich auslöschte. Aber, wie oben gezeigt, gelang der Schritt zur Aufklärung und Säkularität, der verbunden ist mit Fortschritt und erklecklichem Wohlstand, gemessen an anderen Teilen der Welt. Das hat in anderen Regionen nicht stattgefunden. Der Islam oder mindestens Teile des Islam können sich dort noch orthodox und fundamentalistisch gebärden mit allen schrecklichen Auswüchsen in der Gegenwart.

Das christliche Europa von heute, das so viele Flüchtlinge erreichen wollen, ist eine neue Gesellschaft, in der Religionen ihren von der Verfassung geschützten Platz haben, in der aber verschiedene Ethnien mit unterschiedlichen religiös-kulturellen Herkünften mehr oder minder friedlich zusammen oder besser nebeneinander leben. Bei uns gibt es drei religiöse

Körperschaften des öffentlichen Rechts, die römisch-katholische Kirche, die evangelische Kirche und den Zentralrat der Juden sowie weitere 88 religiöse Vereinigungen, von den christlichen Großkirchen mit jeweils ca. 28 Millionen Mitgliedern, den 3 bis 4,5 Millionen Muslimen, den 105.000 religiösen Juden im Zentralrat bis hin zu religiösen Kleinstvereinen aller Religionen. Die christlichen Großkirchen agieren mit Pracht, auch mit Gepränge, und nehmen Einfluss auf gesellschaftliche Prozesse. Sie treten mit professionellem Personal auf und sind medial hervorragend präsent. Das gilt auch für die Vertreter der islamischen Gemeinschaften und die Vertreter des Zentralrats der Juden. Wenn fundamentalistische Karten ins Spiel kommen, ist eine verhängnisvolle Rückkehr zu religiösen Frontbildungen nicht auszuschließen. Das wäre die Bedrohung unserer säkularen Ordnung, gegen die sich sowohl aufgeklärte Religionsanhänger wie religionsfreie Menschen wehren müssen. Es geht um nicht weniger als Leben in Freiheit und Würde. Ins religiöse Mittelalter zurück darf es keinen Weg geben.

Der »kindliche« und der »numinose« Gott

»Mir liegt nichts daran, die wahre Verehrung zu vermindern oder herabzustufen, die uns dazu bewegt, das Universum zu feiern, nachdem wir es angemessen verstanden haben. ›Im Gegenteil‹ wäre eine Untertreibung. Ich bin genau deshalb ein Gegner des Glaubens an Übernatürliches, weil er es auf entsetzliche Weise versäumt, der erhabenen Größe der wirklichen Welt Gerechtigkeit widerfahren zu lassen. Er stellt eine Verengung der Realität dar, eine Verarmung gegenüber dem, was die Wirklichkeit zu bieten hat.«

Richard Dawkins, Biologe, Evolutionsforscher
und öffentlich bekennender und streitender Atheist

Jeden Tag sehen, lesen oder hören die Menschen, wie die orthodoxen Überzeugungen der christlichen Kirchenvertreter, namentlich der katholischen Seite, und die nicht durch eine Aufklärung gegangenen Glaubensinhalte des Islam die Menschen in geistiger Gefangenschaft halten. Manchmal wehrt sich in einem »katholischen« Land ein Mensch und mahnt Aufklärung und geistige Freiheit und Verzicht auf jede Form von Indoktrinierung an. So hat eine italienische Mutter beim Europäischen Gerichtshof für

Menschenrechte gegen die Kruzifixe in den Klassenzimmern geklagt. Die Kammer hat ihr Recht gegeben und den italienischen Staat zur Zahlung von fünftausend Euro Schadensersatz verurteilt, weil ihre Kinder jahrelang mit dem christlichen Symbol an der Wand gegen ihren Willen unterrichtet wurden. Wie zu erwarten oder zu befürchten, wurde das Urteil sofort angefochten, eine andere Kammer hob es auf und verwies auf die Möglichkeit zum Besuch einer freien Schule. Ähnlich hat der Bundesgerichtshof 1995 geurteilt und die Kruzifixe in den Klassenzimmern als Verstoß gegen die Religionsfreiheit des Artikels 4 des Grundgesetzes gewertet. Die Reaktion auf das Straßburger und das Bundesgerichtshof-Urteil war natürlich der Aufschrei aller Religiösen und Berufstheisten. Ein Kardinal versteigt sich zu der Behauptung, dass die Entscheidung der Straßburger Richter »radikal antieuropäisch« sei. Die deutschen Bischöfe verweisen auf das Verfassungsrecht und die Schulgesetze der Länder und den darin kodifizierten Gottesbezug. Damit ist klar, gegen die organisierte Staatskirchenmacht kommen weder Gerichte noch eine aufgeklärt und säkular lebende Gesellschaft an. Manchmal steigert sich die Abwehrhaltung dieser Religiösen bis zur Groteske. Gegen ein 2007 erschienenes »atheistisches«, religionskritisches Kinderbuch des renommierten Autors Michael Schmidt-Salomon strengte das Bundesfamilienministerium ein Prüfverfahren an und forderte ein Verbot wegen Kindes- oder Jugendgefährdung. Durchaus witzig mit kindlich naiven Bildern befragt in diesem Büchlein ein kleines Schweinchen die Vertreter der drei monotheistischen Religionen, Juden, Christen und Moslems, nach dem Weg zu Gott. Einige Religiöse scheinen darin Blasphemie zu wittern. Kritik ist erlaubt, hier aber wird »mit Kanonen auf Spatzen« geschossen. Ein Rezensent mit religiösem Background wirft dem Buch gar Antisemitismus vor. Absurd! Das Buch erfreut sich großen Zuspruchs.

Ein Blick über den Tellerrand unserer säkularen westlichen Welt mit »aufgeklärten« Religionen (eine beliebte Selbstzuschreibung) lässt einen erschaudern, wenn man die weltweiten religiösen oder religiös induzierten Konflikte und mittlerweile Kriege betrachtet. Beispiel Indonesien: Mit 250 Millionen Menschen ist es ein riesiges multiethnisches, multireligiöses und multikulturelles Land mit einem gewaltigen Wohlstandsgefälle und sozialen und politischen Konflikten. Es ist mit 200 Millionen Anhängern (88 Prozent) das größte muslimische Land der Welt. Außerdem sind fünf weitere Religionen nach der Verfassung erlaubt, dabei nehmen die Christen, katholische und evangelische, mit etwa 30 Millionen Mitgliedern (8 Prozent) den zweiten Rang ein. Außerdem gibt es Buddhisten und Hindus sowie Anhänger animistischer Religionen im Ein-bis-zwei-Prozent-Bereich.

Ein 31-jähriger Beamter wird festgenommen wegen seiner Äußerung auf Facebook »Gott existiert nicht«. Atheismus ist in diesem Land illegal. Dem Mann drohen fünf Jahre Haft. Bei Zusammenstößen von Moslems und Christen sind in den letzten Jahren zehntausend Menschen getötet worden, das wird stillschweigend als Kollateralschaden religiöser Abgrenzungen hingenommen. Indonesien ist ein Beispiel für unzählige Länder mit ähnlichen Konfliktpotenzialen. Auch solche Untersuchungen, die nicht allein die Religionen für das Desaster in der Welt verantwortlich machen wollen, gehen davon aus, dass über siebzig Prozent aller Konflikte weltweit einen religiösen Hintergrund haben. Die Verfasser dieser Untersuchungen und Berichte setzen die Hoffnung auf die »Aufklärung der Religionen«. Das aber ist bisher nur bei einem Bruchteil der fünf Milliarden Gläubigen der fünf Weltreligionen der Fall. Ulrich Beck erkennt eine große Gefahr und formuliert es drastisch und sarkastisch zugespitzt:

»Das Samenkorn religiös motivierter Gewalt liegt im Universalismus der Gleichheit der Glaubenden begründet, die den Anders- oder Ungläubigen entzieht, was sie den Glaubenden verheißt: Mitmenschenwürde, Gleichheit in einer Welt von Fremden. Das ist die Sorge, die um sich greift: Dass als Kehrseite des Versagens der Säkularisation ein neues Zeitalter der Verfinsterung droht. Die Gesundheitsminister warnen: Religion tötet. Religion

darf an Jugendliche unter 18 Jahren nicht weitergegeben werden.«

Viel wirkungsvoller als Gerichtsurteile ist die millionenfach verbreitete mediale Glaubensverherrlichung, mal sehr klar, ohne Umschweife zum Kern vorstoßend, mal durch die wissenschaftliche Hintertür und mit einer geschickten Perspektivenverschiebung. In einer großen deutschen Wochenzeitung findet sich ein spezieller Teil unter der Überschrift »Glauben und Zweifeln«. Er ist einigermaßen offen nach beiden Seiten, aber eher religionsfreundlich mit den üblichen kritischen Ermahnungen an die kirchliche Hierarchie. Fachtheologen und hohe Repräsentanten der Kirchen kommen ausladend zu Wort, auch einige religiös geprägte Journalisten des Blattes beteiligen sich mit eigenen Beiträgen und Kommentierungen. So wartet Patrick Schwarz mit einer faszinierenden Idee auf und einer Anregung für alle Zweifler und »religiös Unmusikalischen« (Max Weber). Er schreibt: »*Schon wer einfach das Vaterunser nachspricht, das Zentralgebet der Christenheit, stößt auf die Provokation jedes Monotheismus: Vater unser im Himmel – bist du wirklich da? Und, ist er? Ihr müsstet werden wie die Kinder, heißt es dazu in der Bibel. Es ist die Forderung, nicht so lange am Gebäude seiner Gewissheiten zu zimmern, bis auch das letzte Schlupfloch zur eigenen Erschütterbarkeit verbaut ist. Beten braucht einen Rest an Kindlichkeit, ein Zutrauen, dass sich die Lücke zwischen dem, was gewiss, und dem, was nur erhofft ist, schließen kann ohne unser eigenes Zutun.«* Ob ein gewisses spirituelles Fühlen, eine »Gefühligkeit«, ein Ersatz sein kann für Wissen und Erkennen, darf man bezweifeln. Aber ein schöner, verführerischer Gedanke ist es allemal. Das Urgebet der Christenheit wird jeden Tag millionenfach gesprochen, es ist einfach und bildhaft und wendet sich an den mächtigsten Adressaten, den es gibt. Es wird von den meisten Gläubigen als ein Ritual, vielleicht auch als eine kindliche Erinnerung an eine spirituelle Berührung, aber ohne tieferes Empfinden mitgesprochen, freundlich ausgedrückt, aber bei manchen Menschen löst es durchaus religiöse Inbrunst aus. Religion setzt eine kindliche Naivität voraus, das hat Patrick Schwarz verstanden, und er will sie an seine Leser vermitteln. Genau diese Lust auf das imaginäre Andere und eine naive Inbrunst sind aber verführerisch. In derselben Zeitung kommen Wochen später namhafte Atheisten zu Wort. Der prominenteste ist der Physiker und Nobelpreisträger Stephen Hawking. Seine Erklärung möge pars pro toto stehen: »*Weil es ein Gesetz wie das der Schwerkraft gibt, kann sich ein Universum aus dem Nichts erschaffen. Die Hand Gottes ist zur Erklärung nicht nötig.«*

Die Menschen in Deutschland und den anderen westlichen Ländern leben in (halb) aufgeklärten christlichen Gesellschaften. Jedes Kirchenmitglied darf ungestraft, ungerügt und ungeahndet dem Glauben abschwören, weniger pathetisch, ihn ablehnen, solange es daraus keine öffentliche Angelegenheit macht, die dann die religiösen »Wahrheitswächter« auf den Plan ruft. Viele »aufgeklärte« Christen, die an unumstößlichen Glaubenssätzen, Lehren oder Dogmen zweifeln, z. B. im Katholizismus an der »Dreifaltigkeit«, der »Unbefleckten Empfängnis«, dem »Aufgefahren in den Himmel« oder der »Umwandlung von Brot und Wein in Fleisch und Blut«, der »Unfehlbarkeit des Papstes« oder neuerdings der Sinnhaftigkeit des »Zölibats«, der »Sakramentsverweigerung« gegenüber geschiedenen Wiederverheirateten und manchem anderen, vollziehen eine innere Trennung. Das alles sind innerkirchliche Angelegenheiten und für praktizierende Christen sicherlich wichtige Themen. Außerhalb der »Gemeinschaft der Gläubigen« berührt das die Menschen aber nicht.

Auch ein bekanntes Wochenmagazin wagt sich an die »Gottesfrage«, allerdings sehr verwunden und mit einem harmlos erscheinenden Perspektivenwechsel. In einem ausführlichen Interview wird der amerikanische Neurowissenschaftler David Eagleman befragt. Die Überschrift lautet: »Das Ich ist ein Märchen«.

Hauptgegenstand seiner Forschungen ist das menschliche Gehirn mit seinen tiefen Geheimnissen und ungelösten Fragen. So erklärt er u. a. auf die Frage nach der Bedeutung des Bewusstseins, das uns ja nach allgemeiner Auffassung vom Tier unterscheidet: »*Es* *ist egal, ob das Bewusstsein an der Entscheidungsfindung beteiligt ist oder nicht. Sie glauben, Ihnen falle gerade eine tolle Idee ein? Ihr Bewusstsein spielt dabei die geringste Rolle. Das Gehirn wird weitgehend von einem Autopiloten gesteuert. Das Bewusstsein hat kaum Zugang zu der gewaltigen Fabrik, die im Verborgenen arbeitet und fertige Ideen in einem Akt mächtiger Zauberei liefert. Das Bewusstsein steht nicht im Mittelpunkt des Gehirns, es befindet sich irgendwo an der Peripherie, wie der Beifahrer im Auto.« (…) »Heute müssen wir einsehen, dass wir sehr wenig über uns wissen.« (…) »Wir befinden uns nicht im Mittelpunkt unserer selbst, sondern irgendwo am Rande, genau wie die Erde in der Milchstraße.« (…) »Das Gehirn besteht aus konkurrierenden, parallelen Untersystemen. Wegen der widerstrebenden Vielheiten trägt das Gehirn ständig innere Konflikte aus.« (…) »Das Gehirn sucht nach Mustern im Chaos und will Konsistenz.« (…) »Mit Hilfe von Geschichten geben verwirrende Informationen einen Sinn. Wir erzählen uns ständig Märchen, um uns die fremden Prozesse zu erklären, die unter der Haube ablaufen. Das **Ich** ist so ein Märchen, eine vom Gehirn aus Zweckpragmatismus erfundene Fiktion.« (…) »**Religionen sind optimale Erzählungen, um die emotionalen Gehirnteile anzusprechen. Die Einwände der Vernunft haben dieser Anziehungskraft wenig entgegenzusetzen.**«*

Soweit kann ich intellektuell und erkenntnistheoretisch folgen und die naheliegende Schlussfolgerung wäre für Herrn Eagleman zu sagen: Ich weiß, dass es so etwas wie Gott nur als Gehirn-Märchen-Konstrukt gibt, aber nicht in einer für den Homo sapiens erfahrbaren Seins-Wirklichkeit, aber er löst die Gottesfrage auf ebenso einfache wie geniale Art und Weise. »Ich nenne mich lieber einen Possibilisten«, sagt er. Das sei eine Art, alle möglichen Hypothesen zu erkunden und dem Bedürfnis nach Gewissheit zu widerstehen. Frage: »Gott ist eine Hypothese?« Eagleman: *»Ich schaue voller Staunen und Ehrfurcht auf die Welt. Und unser Gehirn, dieses rätselhafte Meisterwerk, ist vielleicht das erstaunlichste, was das Universum hervorgebracht hat. Der Kosmos ist größer, als unsere Altvordern je ahnten. Und so sind auch wir selbst größer, als wir aufgrund unserer Selbstwahrnehmung ahnen konnten. Selbst wenn das Universum rein materialistisch ist, selbst wenn wir nur das Produkt von durch die Auslese der Evolution gegangenen Molekülen sind – dieser Kosmos ist so überwältigend, dass man voller Demut davorsteht. Der Blick hinein ist eine magische Erfahrung, ein Numinosum. In diesem Sinne bin ich ein ›religiöser Mensch‹.«* Ein faszinierender Gedanke, aber, wie ich fürchte, ist dieser allumfassende Religiositätsbegriff eine Mogelpackung und eine wunderbare Vorlage für alle Theisten (sowohl der Mono- als auch der Polytheisten), die die religiös-spirituelle Beeinflussung von mindestens der Hälfte der Menschheit mit Hilfe der Erkenntnisse der Neurowissenschaften ungehindert oder gar noch gestärkt fortsetzen können. Aber faszinierend kann dieser Gedanke auch für einen religionsfreien Menschen sein, der sich einem evolutionären Humanismus verpflichtet fühlt, weil er helfen kann, in aktuellen Diskursen und Debatten den unauflösbaren Antagonismus zwischen einer Welt- und Geschichtsdeutung, die einen Gott voraussetzt und dem, was nicht beweisbar ist, weder mit sophistischer Theologie noch mit spitzfindiger Rabulistik, aufzulösen.

Eine neue Ethik des Humanen muss kluge Empfehlungen für ein vernünftiges, aufgeklärtes und säkulares Handeln jedes Menschen geben. In seinem »Manifest des evolutionären Humanismus« hat Michael Schmidt-Salomon zehn solcher Empfehlungen aufgeschrieben.

Er nennt sie die »Zehn Gebote des evolutionären Humanismus«. Von den mosaischen Zehn Geboten der Bibel unterscheiden sie sich deutlich. Ich möchte fünf seiner »Gebote« in gekürzter Form beispielhaft anführen:

Diene weder fremden noch heimischen »Göttern«, sondern dem großen Ideal der Ethik, das Leid der Welt zu mindern!

Verhalte dich fair gegenüber deinem Nächsten und deinem Fernsten! Du wirst nicht alle Menschen lieben können, aber du solltest respektieren, dass jeder Mensch, auch der von dir ungeliebte! – das Recht hat, seine Vorstellungen von »gutem Leben (und Sterben) im Diesseits« zu verwirklichen.

Habe keine Angst vor Autoritäten, sondern den Mut, dich deines eigenen Verstandes zu bedienen! Entscheidend für den Wahrheitswert einer Aussage ist allein, ob sie logisch widerspruchsfrei ist und unseren realen Erfahrungen in der Welt entspricht.

Du sollst nicht lügen, betrügen, stehlen, töten – es sei denn, es gibt im Notfall keine anderen Möglichkeiten, die Ideale der Humanität durchzusetzen! Wer in der Nazizeit nicht log, sondern der Gestapo treuherzig den Aufenthaltsort jüdischer Familien verriet, verhielt sich im höchsten Maße unethisch im Gegensatz zu jenen, die Hitler durch ein Attentat beseitigen wollten, um Millionen von Menschenleben zu retten.

Befreie dich von der Unart des Moralisierens! Es gibt in der Welt nicht »das Gute« und »das Böse«, sondern bloß Menschen mit unterschiedlichen Interessen, Bedürfnissen und Lernerfahrungen. Trage dazu bei, dass die katastrophalen Bedingungen aufgehoben werden, unter denen Menschen heute verkümmern, und du wirst erstaunt sein, von welch freundlicher, kreativer und liebenswerter Seite sich die vermeintliche »Bestie« Homo sapiens zeigen kann.

Dieser Versuch einer nicht aus Religion abgeleiteten Antwort auf drängende Fragen ist nicht durch Macht unterfüttert, sondern durch aufgeklärtes Denken und Vernunft. Welche Wirkungen er entfalten wird, ist nicht absehbar. Je feiner das Instrumentarium und die Erkenntnisse z. B. der Astrophysik, der Teilchenphysik, der Evolutionswissenschaften oder der Neurowissenschaften sind, desto deutlicher wird uns die Grenze der menschlichen Erkenntnisfähigkeit bewusst, desto größer aber wird auch das, was Eagleman als »Numinosum« bezeichnet, das er »die magische Erfahrung« nennt. Da wir dieses Numinosum nur demütig staunend zur Kenntnis nehmen können, wären wir alle im Eagleman'schen Sinne Possibilisten und damit »religiöse« Menschen. Man könnte es als »positive Agnostiker« bezeichnen. So leicht aber wollen wir es den Religionsanhängern aller Couleur, den monotheistischen Offenbarern und Heilsgewissen wie den Polytheisten jedweder Art aber nicht gestatten, ihre Regeln, Riten und Kodizes wie ein Spinnennetz über die unaufgeklärten und furchtsamen und sich an Hoffnungen klammernden, weil bildungs- und erkenntnisfernen Teile der Menschheit zu weben und sie in dieser geistigen Gefangenschaft zu halten. Dass verfasste (»statutarische«) Religionen für die Menschheit als Ganzes katastrophale Wirkungen haben können, lehren uns die Geschichte und der tägliche unvoreingenommene Blick auf den Zustand unserer Zivilisation. Der »Clash of Civilizations« (Huntington) ist dabei nur eines der möglichen Katastrophen-Szenarien.

Ich möchte ein (bitteres) Fazit ziehen: Wenn das

Kant'sche Erbe der Aufklärung nicht zeitgemäß weitergeführt wird, wie z. B. durch Karl Popper oder Hannah Arendt geschehen, und die Grundlage für eine Weltgesellschafts-Ethik und einer darauf basierenden Politik wird, kann die Menschheit nicht (gut) überleben.

Erst wenn sich alle Staaten dieser Erde in einer Charta zur völligen religiösen Toleranz *und* Neutralität verpflichten und das auch gegen Fundamentalisten aller Religionen und der aus ihnen hervorgegangenen Sekten durchsetzen (können), könnte so etwas wie eine Weltgesellschaft entstehen, die sich wirklich den existenziellen Problemen von sieben und demnächst neun Milliarden Menschen zuwenden kann: der Übervölkerung und Ausbeutung der letzten Ressourcen, den irreparablen Schäden an der Umwelt, dem Hunger und dem Mangel an Trinkwasser, den Kriegen und Bürgerkriegen sowie dem immer noch drohenden atomaren Overkill.

Prägung

»Man sollte sich zur heiligsten Pflicht machen, dem Kinde nicht zu früh einen Begriff von Gott beibringen zu wollen. Die Forderung muss von innen heraus geschehen, und jede Frage, die man beantwortet, ehe sie aufgeworfen ist, ist verwerflich. Das Kind hat vielleicht seine ganze Lebenszeit daran zu wenden, um jene irrigen Vorstellungen wieder zu verlieren.«

Friedrich Schiller, vor etwa zweihundert Jahren

Ein alter pädagogischer Grundsatz lautete: Wer sein Kind liebt, der züchtigt es. Das galt für die elterliche Erziehung, namentlich durch den Vater, und es galt auch für die weitere Erziehung in Schulen und Bildungseinrichtungen und besonders für die Lehrlinge unter gestrengen Meistern. Das ist völlig überholt. Wer das Kind liebt, lässt es sich zu einem freien und selbstständig denkenden Erwachsenen entwickeln ohne Zwang und Angst. Das ist die heutige Vorstellung, die gerade mal ein Jahrhundert alt ist. Auch die religiösen Erzieher und Lehrer in den christlichen Ländern sowie die Berufstheisten anerkennen es weitgehend, misstrauen aber eher der Freiheit. Für sie gilt nur eine christlich fundierte Erziehung und Bildung als solche, und das mit Ausschließlichkeitsanspruch von Beginn des jungen Lebens an. Die christlichen Eltern lassen das Kind taufen und machen es damit zum Mitglied einer Vereinigung, einer Körperschaft des öffentlichen Rechts, der Kirche. Entgegen allem Anschein sind die orthodoxen Gottgläubigen wirkmächtig, strukturiert, organisiert und zielorientiert. Die religiöse Prägung beginnt daher sehr früh im Kleinkindalter mit der Entscheidung für die christliche Religionszugehörigkeit, jeweils nach katholischer, evangelischer, orthodoxer oder baptistischer Ausprägung unterschieden. Die Eltern befolgen die Regeln ihrer Religion. Ihr Kind soll aus ihrer Sicht für eine lebenslange Zugehörigkeit zu dieser Religion bestimmt sein. Durch Nachahmung lernt es nach und nach die religiösen Rituale kennen, Beten, Bekreuzigen, Niederknien und andere Gesten. Im kindlichen Gehirn werden durch ständige Indoktrinierung mit Sünde und Angst Bilder von Fegefeuer und Hölle mit Teufeln erzeugt und mit Himmel, Engeln und Heiligen das spirituell beglückende Gegenstück zu den dunklen Facetten hinzugefügt. Eine leibfeindliche Sexualmoral belastet das kindliche Gewissen. Auf den reuigen kleinen Sünder aber warten ganz große Belohnungen. Natürlich spielt in einem so stark religiös geprägten Milieu auch der/die Berufstheist/in, also der Pastor oder die Pastorin, die entscheidende Rolle. Bereits mit dem Schuleintritt sollte die äußere, wahrnehmbare Prägung nach der Vorstellung der

Religiösen vollzogen sein. Für das Kind wird spürbar, dass es eine unterschiedene Gesellschaft gibt, ich und das religiöse Milieu meiner Herkunft und das der anderen. Das getaufte (beschnittene) Kind hat sehr früh von seinen Eltern erfahren, dass es etwas Größeres gibt als sie selbst. Dieses Große hat einen Namen: »Gott«, kindlich »der liebe Gott« (entsprechend »Jahwe« bei Juden oder »Allah« bei Muslimen). Dieses Große macht Angst oder nimmt Angst, es ist Drohung oder Tröstung, es ist jedenfalls allgegenwärtig und man kann sich ihm nicht entziehen. Das religiös-spirituelle Über-Ich ist geschaffen. Das Kind wird von Eltern, Erzieherinnen oder Erziehern, Pastorinnen oder Pastoren und Lehrerinnen oder Lehrern religiös »aufgeklärt«, immer mit christlich-orthodoxem »Überbau«, getrennt nach evangelischer oder katholischer Religionsvariante in den evangelischen oder katholischen Bekenntnisschulen, an denen die überwiegende Zahl der Kinder in Deutschland unterrichtet wird. Altersgemäß, aber sehr wirksam vervollkommnen die religiösen Unterweiser das eindeutige religiöse Weltbild. Kommunion oder Konfirmation binden im Verlauf der religiösen Erziehung die Neun- bzw. Vierzehnjährigen in die Religionsgemeinschaften ein. Unauslöschbar soll sich der Glaube an den einen Gott einbrennen. Das Kind lernt das Himmelsglück kennen, aber auch die Höllenstrafen. Da »Hölle« aber gar nicht mehr zu vermitteln und als Angstauslöser gebrandmarkt ist, wird die Bestrafung für Sünde diskreter umschrieben. Belohnung und Strafe aber werden dem Menschen unausweichlich von Gott zuteil. Mindestens ebenso prägend wie Belehrung aber ist das religiöse Milieu mit Kirche, Glockengeläut, Priestern in feierlichen Gewändern, mit geheimnisvollen Ritualen und Riten und vielen emotionalen Begegnungen. Der religiös geprägte Mensch ist geschaffen, die Unterscheidung soll ein Leben lang bestehen. Diese Zwangsläufigkeit aber ist nicht mehr gegeben. Eine kleine Begebenheit zeigt die Lücke zwischen den Ansprüchen der Religiösen und der heutigen bundesrepublikanischen Wirklichkeit. Sie ist verbürgt. Eine Lehrerin an einer katholischen Grundschule im Dorf will den Kindern der ersten Klasse erklären, wer am nächsten Tag zum katholischen Schulgottesdienst kommen muss, und sagt: »Alle katholischen Kinder kommen morgen zur Kirche, alle Nichtkatholischen kommen zur Schule!« Die Kinder schauen verunsichert und fragen die Lehrerin: »Bin ich katholisch?« Sie versucht es mit einer kleinen Hilfestellung und sagt: »Wenn Mama und Papa am Sonntag zur Kirche gehen, seid ihr katholisch.« Die Kinder schauen weiter unsicher. Sie versucht es noch einmal: »Wenn Oma und Opa sonntags zur Kirche gehen, seid ihr katholisch.« Immer noch keine Reaktion der Kinder. Nach einer kleinen Pause meldet sich schließlich ein Junge und sagt freudestrahlend:

»Ich weiß es, katholisch ist deutsch.« Es waren baptistische Familien aus Russland ins Dorf gezogen und das Kind hatte mitbekommen, dass diese »russisch«, also nicht deutsch waren, also irgendwie anders, und seine Schlussfolgerung war zwar völlig falsch, aber für das Kind logisch. Die katholischen Eltern hatten auf eine dezidierte religiöse Ein- und Zuordnung ihrer Kinder verzichtet, weil es für sie offensichtlich keine große Bedeutung hatte und sie gerne die religiöse Erziehung den für Gott Zuständigen, nämlich Lehrerinnen und Lehrern und Priestern überantworteten. Es ist offenkundig, dass hier die gewünschte (von wem?) Prägung noch nicht in der »richtigen« Art und Weise funktioniert hatte. Vernünftigerweise gehe ich davon aus, dass es kein Einzelfall ist.

Die schwierige Aufgabe bleibt an der Gesellschaft hängen das religiös Trennende irgendwie wieder zusammenzuführen. Für religionsfreie Milieus ist das kein Problem, für die religiös Geprägten bleibt es dann beim sich gebetsmühlenartig wiederholenden Appell an die religiöse Toleranz: »Wir sind zwar geprägte Katholiken, Protestanten usw., aber wir tolerieren selbstverständlich euch Muslime, Juden, Buddhisten und Hindus, weil auch ihr religiöse Menschen seid.« Für den Umgang mit religionsfreien Menschen ist das Toleranzgebot nicht so leicht zu vermitteln.

Die Schule könnte diese vermittelnde Rolle einnehmen, wenn sie nicht laut Schulgesetz a priori die »christliche Erziehung« als Bestimmung hätte, sondern eine religionsneutrale Erziehung vermitteln würde durch einen alle Religionen einschließenden Ethikunterricht. In einigen Bundesländern ist das inzwischen Praxis, wenngleich nicht als Pflicht-, sondern als Wahlpflichtfach, die aber von den Kirchen heftig bekämpft wird. Das Elternrecht auf die religiöse Erziehung soll nicht verletzt werden, wird es auch nicht, denn gläubige Eltern können ihr Kind bei den vorgesehenen religiösen Riten ihrer Religionsgemeinschaft so gläubig wie sie möchten begleiten, also an den Kommunion- und Firmfeiern die Katholiken, an der Konfirmation die evangelischen Christen. Die religiösen Unterscheidungen bleiben; sie sind für die übrige Gesellschaft marginal, solange sie nicht mit Forderungen nach Sonderrechten einhergehen. Wenn beides in guter Weise zusammengeführt würde, die religiöse Prägung durch das Elternhaus, die »Berufstheisten« und das religiöse Milieu, und die fundierte religionsneutrale Bildung durch die Schule, könnte für so etwas wie religiöse Toleranz die Grundlage geschaffen werden, die alle heutigen Gesellschaften dringend benötigen. Wenn die religionsmündigen Jugendlichen frühestens mit vierzehn Jahren oder die jungen Erwachsenen später eine bewusste Wahl für eine Religion oder für Religionsfreiheit treffen, so wäre es eine gute Lösung für jeden Einzelnen, aber auch für die Gesellschaft als Ganzes. Religionszugehörigkeit oder Religionsfreiheit als individuelles Recht auf der einen Seite und die absolute Beachtung der positiven und negativen Religionsfreiheit nach Artikel 4 unseres Grundgesetzes durch alle Mitglieder unserer Gesellschaft und alle organisierten Gruppen auf der anderen Seite könnte ein Königsweg zum gesellschaftlichen Frieden in Religionsangelegenheiten sein. Es bleibt vorläufig ein Wunsch.

Die Realität sieht häufig anders aus. Religiöse Bildung bezieht sich nur auf die eigene Religion. In den homogenen Milieus kommt das Kind nicht leicht zu einer eigenen, eventuell abweichenden, Entscheidung. Es bleibt bei der Unterscheidung zu anderen Religionen oder zu religionsfreien Menschen. Es trägt nicht zur Verständigung bei. Ob die Kindsrekrutierung für eine Religion in einem säkularen Staat zu rechtfertigen ist, darf hinterfragt werden. Friedrich Schiller hatte, wie wir sehen, vor zweihundert Jahren daran seine Zweifel. Es ist die kluge Anmerkung eines aufgeklärten Geistes, aber mit aller Macht werden die Großreligionen auf einer möglichst frühen religiösen Erziehung, besser gesagt, Indoktrinierung bestehen.

Als die Beschneidung der jüdischen und muslimischen Jungen 2013 von einem Richter als rechtswidrige Körperverletzung beurteilt wurde und damit eigentlich hätte untersagt werden müssen, hat der Deutsche Bundestag mit Mehrheit durch eine Änderung des Strafgesetzbuches die Beschneidung mit wenigen Auflagen für zulässig erklärt und sie dem Elternrecht auf die religiöse Erziehung anheimgestellt. Eine Beschneidung ist, mehr als die christliche Taufe, ein nicht wieder rückholbarer religiöser Bestimmungsakt. Wieder einmal haben sich die Religiösen gegenüber den Säkularen durchgesetzt. Ich habe es sehr bedauert.

Für die Amtskirchen ist die Bindung an sie und daher die Prägung wichtig, denn sie soll ein Leben lang halten. Es geht aber auch um Bestandswahrung der Mitgliedschaft, verständlich aus ihrer Sicht, für mich aus pädagogischer Sicht fragwürdig.

In unserer aufgeklärten Welt ist das Dilemma absehbar, mindestens für etliche junge Menschen, die anfangen zu denken und vielleicht zu zweifeln. Die Kirchen merken es und versuchen über weniger orthodoxe Formen der Religionsausübung Jugendliche und junge Erwachsene »bei der Stange« zu halten. Evangelische Kirchentage, Katholikentage oder ekstatische Bekundungen bei Papstbesuchen zeigen medial befeuerte religiöse Begeisterung, wenn ich aber recht sehe, ist es keine Rückkehr zum alten Fundamentalismus und dogmatischer Praxis, sondern zur neuen aufgeklärten Weltoffenheit mit angenehmer religiöser Unterfütterung und spirituellen Gefühlen bei einem Gemeinschaftsevent. Die Jungen werden später als Erwachsene überwiegend aufgeklärt und säkular denken und leben und Sinn finden. Das wird weder für aufgeklärte Religiöse noch für religionsfreie Menschen ein leichter Weg werden. Er war es nie! Wenn erst im Erwachsenenalter bestimmte Vorstellungen als irrige wahrgenommen werden, dürfte das zu keinem aufgeklärten Religionsverständnis führen, sondern eher zu einem lebenslangen unbefriedigenden Konflikt mit eben diesen Vorstellungen. Wir sind zwar frühkindlich geprägt, aber auch in hohem Maße lernfähig. Diese Lernfähigkeit kann sich sowohl auf spirituelle, religiöse Formen der Daseinsbewältigung beziehen als auch auf eine sehr rationale Wahrnehmung unseres Daseins als einen natürlichen Prozess der Evolution. Auf dieser Lernfähigkeit ruhen alle Hoffnungen.

Konversion

»*Ich bin vom Glauben zum Wissen konvertiert.*« Hamed Abdel-Samad, in Deutschland lebender Wissenschaftler ägyptischer Abstammung aus einer orthodoxen muslimischen Familie, Vater Imam, in seiner Jugend Mitglied der Muslimbruderschaft, setzt sich mit der menschenverachtenden islamischen Doppelmoral auseinander und entlarvt sie.

Gibt es keine Hoffnung, kein Entrinnen, kein Erwachen angesichts einer Welt am Abgrund? Hoffnung auf den Sieg der Vernunft, auf aufgeklärtes Denken, Fühlen und Handeln, kein Entrinnen aus religiöser Umklammerung und Irrationalismen, die Denken, Fühlen und Handeln im Griff haben, kein Erwachen aus Traumwelten und einem falschen Bewusstsein? Ich fürchte, die Antwort lautet jedes Mal: Nein. Da es aber um unsere Zivilisation geht, braucht es eine umfassende *Konversion*. Letztlich lautet die Frage: Was müsste geschehen, damit es nicht so bleibt, wie es ist? Am Freitag, dem 1. August 2014, der hundertjährigen Wiederkehr der deutschen Kriegserklärung an Russland und des Beginns des Ersten Weltkrieges, stellt es sich, kurz gefasst, so dar: In der Ukraine tobt ein (Bürger-)Krieg zwischen regulären ukrainischen Truppen und ostukrainischen, von Russland unterstützten Separatisten, Terroristen oder bewaffneten

Banden. Eine malaysische Passagiermaschine wurde abgeschossen, 298 Menschen, mehrheitlich Holländer, da die Maschine aus Amsterdam kam, sterben. Unter schwierigsten Bedingungen und unter der Aufsicht der Freischärler kann man 220 Leichen bergen und nach Holland überführen. Es wird heftig weitergekämpft um die Stadt Donezk. Menschen fliehen zu hunderttausenden, unzählige Opfer unter der Zivilbevölkerung sind zu beklagen. Russland steht »Gewehr bei Fuß«.

In Gaza tobt eine heftige Schlacht der israelischen Armee gegen die palästinensische Hamas. Diese feuert tausende Raketen auf israelische Städte, Israel zerbombt die Städte im Gazastreifen sehr brutal, mindestens zweitausend Menschen sind tot, die Infrastruktur in Gaza ist völlig zerstört, auch sechzig israelische Soldaten sterben. Es ist der vierte Krieg Israels gegen die palästinensischen Nachbarn. Ein Ende dieses Ur-Konfliktes ist nicht in Sicht, es gibt nur »Auge um Auge« und den Versuch, Israel von der Landkarte zu tilgen, wozu sich die islamischen Nachbarn scheinbar entschlossen haben. Israel ist Atommacht.

Der Bürgerkrieg in Syrien mit vielleicht 150.000 Toten und vier Millionen Flüchtlingen geht unvermindert weiter, er ist aus den Schlagzeilen verdrängt, weil terroristische islamistische Kämpfer von Syrien aus in den völlig destabilisierten Irak vorgedrungen sind und dort Krieg führen gegen Schiiten, Kurden, Christen und alles, was sich ihnen nicht unterwirft. Es ist eine fundamentalistische sunnitische Terrorbewegung, die sich IS (Islamischer Staat) nennt und ein Kalifat ausgerufen hat. Sie verbreitet Angst und Schrecken im Namen des Propheten, es scheint ein Schritt ins finsterste Mittelalter zu sein. Dann wird noch an vielen Orten und in vielen Ländern gemordet, marodiert, gekämpft und destabilisiert, etwa im Sudan, in Zentralafrika, Somalia, Kenia, Afghanistan, Pakistan, Nigeria, Libyen und weiteren Regionen.

Dass immer ethnische *und* religiöse Hintergründe eine entscheidende Rolle spielen, habe ich an anderer Stelle wiederholt beschrieben und dabei vor allem die Religion als Selbstfahrlafette benannt, die in den Machtkonflikten um Ressourcen und Einflussgebiete eine große, ich sage eine entscheidende Rolle spielt. Ein Sisyphos der Aufklärung müsste also ganz unten anfangen. Ein glücklicher Mensch, wie ihn sich Albert Camus vorstellte, wird dieser Sisyphos nicht sein. Ich benutze die Medien, sie manipulieren und skandalisieren und verfälschen, was das Zeug hält. Sie sind weitgehend pseudoaufklärerisch. Schonungslos haben das Thomas Wieczorek und Tom Schimmek offengelegt. Ich kann nur darauf verweisen.

Also beginne ich mit Russland: Putin führt Krieg oder unterstützt in destabilisierender Absicht Separatisten in der Ostukraine und verleibt sich die Krim ein. Letzte Klarheiten über seine Absichten und seine Beweggründe haben wir nicht, es wird viel spekuliert. Es ist aber anzunehmen, dass in seinem Kopf Vorstellungen von einem neurussischen Großreich stehen, das ein Gegenstück zum dekadenten Westen bilden soll. Dass man im Westen von einer geistig moralischen Dekadenz sprechen kann, werden wohl nur die härtesten Lobbyisten von INSM (Initiative Neue Soziale Marktwirtschaft), die Verkünder von Wachstum, Wachstum, Wachstum, bestreiten. Es ist nicht klar, was Putin dem entgegensetzen will, aber es gibt deutliche Hinweise und die sind deutlicher als das berühmte »Husten der Flöhe«, das jemand zu vernehmen meint. Sein ärgster innenpolitischer Gegner ist der Kommunistenchef Suganow. Ausgerechnet ihm verleiht Putin den Alexander-Newski-Orden. Alexander Newski ist der russische Nationalheld und Heiliger der russisch-orthodoxen Kirche. Orden sind ein probates Mittel, um einen Gegner in Schach zu halten oder sich Gefolgsleute zu schaffen. Die ordensgeschmückten Männerbrüste überall auf der Welt sprechen Bände. Insoweit ist der Vorgang nichts Besonderes. Oder doch? Der Kommunistenchef ist als Atheist ein Gegner der orthodoxen Kirche. Die Kommunisten haben versucht, die Religion gewaltsam auszumerzen und die mächtige Orthodoxie als Garant der Zarenherrschaft zu zerschlagen, auch ihre Artefakte, die Kirchen und Klöster. Es war ein Akt der Barbarei und es ist nicht gelungen. 25 Jahre nach dem Ende des Kommunismus erstrahlen viele Kirchen und Klöster wieder im alten Glanz und Gold, wie wir es in St. Petersburg bestaunen konnten. Man könnte das als einen richtigen Schritt hin zu einem modernen, aufgeklärten und säkularen Staat ansehen, ähnlich dem unseren, in dem die Religion den ihr zukommenden Rang einnimmt, in ihren Rechten geschützt, aber, im Prinzip, vom Staat getrennt. Wenn es so wäre, wäre es hinzunehmen. Aber können wir davon ausgehen, dass es in Russland eine solche Verfassung gibt oder geben wird, die eine aufgeklärte Gesellschaft erzeugen kann? Ich fürchte, davon sind wir weit entfernt. Wir sehen aber das Wiedererstarken der Orthodoxie und dem trägt Putin Rechnung, indem er die Patriarchen und Popen hofiert und streichelt. Er verspricht, die Kirchen im Kreml im alten Glanz wieder aufzubauen. Eine achtzigprozentige Zustimmung ist ihm sicher, er ist nicht religiös, aber er spielt geschickt die religiöse Karte. Dass ich das als obszön und verwerflich empfinde, brauche ich nicht zu betonen. Es gibt russische Intellektuelle und Aufklärer, aber eine aufgeklärte (allenfalls eine nicht aufgeklärte postkommunistische) Gesellschaft ist (noch) nicht entstanden.

Ich bin damit wieder beim Kernthema Religion. Das banalste Statement aller Religiösen ist der Satz: Jeder Mensch braucht Religion, ohne sie kann er nicht leben. In den sogenannten oder sich selbst so bezeichnenden Ländern des »christlichen Abendlandes«, einfacher, des Westens, glauben das im vollen Sinne wohl nur noch die Hardcore-Religiösen. Sie stellen sicherlich innerhalb des religiösen Spektrums eine Minderheit dar; nicht verwechseln darf man damit die Zugehörigkeit zu einer der beiden christlichen Kirchen, die zusammen auf sechzig Prozent Mitglieder kommen. Aber immerhin, die Kirchenzugehörigen bilden die Mehrheit und haben somit großen Einfluss. Zwar beklagt im erzkatholischen Bistum Paderborn Weihbischof Grothe den erheblichen Mitgliederschwund, der aber überwiegend wohl leider nur pekuniäre (und nicht geistig-intellektuelle) Gründe hat, nämlich die durch den Staat erhobene Kirchensteuer, aber die Manifestationen des auch politischen Katholizismus sind überaus zahlreich, jeden Tag zu hören, zu lesen und zu sehen und oftmals auch als fundamentalistische Statements zu bewerten. Pars pro toto füge ich an dieser Stelle ein Bild vom diesjährigen Liborifest in Paderborn ein. Es ist nach Aussage der kirchentreuen Katholiken eines der größten religiös fundierten Feste Deutschlands, obwohl natürlich der Kirmes- und Eventcharakter überwiegt.

Wann immer etwas schiefläuft im religiösen Bereich wie beispielsweise gerade bei gewaltsamen Protesten von Muslimen gegen Juden oder von Jessiden gegen Muslime, ist man in der hiesigen Weltanschauungspresse schnell bei der Hand und spricht vom Missbrauch der Religion(en). Es ist der dümmste, geschichtsvergessenste oder der dauernden Indoktrinierung geschuldete Satz, den ich kenne. Der Schreiber will also den »guten« Religionsgebrauch vom Missbrauch unterscheiden und erkennt nicht, dass die Religionen den Menschen missbrauchen können und es häufig auch tun, und zwar mit jeder Scheußlichkeit, zu der Menschen fähig sind: Kreuzzüge (»deus vult«, »Gott will es«, ruft der Papst), Dschihad, Ketzerverfolgungen, Hexenverbrennungen, Totschlag, Plünderung, Versklavung, Vergewaltigung und Ermordung.

Abb. 2: Banner der Kreuzritter; am 27. November 1095 rief Papst Urban II. auf der Synode von Clermont zum ersten Kreuzzug auf. 1099 wurde Jerusalem erobert. Neben den religiösen gab es auch massive wirtschaftliche Begründungen. Drei weitere Kreuzzüge in das »Heilige Land« folgten.

In den säkularen Gesellschaften gehören diese Dinge längst der Vergangenheit an, das ist aber nicht einem Selbstheilungsprozess der Religionen geschuldet, sondern der Aufklärung und der Erklärung der Menschenrechte. Eine so eingehauste Religion ist vertretbar; sie enthält viel Tröstliches, eine schöne Formensprache und viele Rituale; man kann binden und lösen, eine christliche Trauung oder ein christliches Begräbnis oder andere religiöse Zeremonien sind in jedem Fall würdevoll, auch wenn man die Bekenntnisformeln und die daran gebundenen Inhalte völlig ablehnt.

Abb. 3: Liborifest in Paderborn; der goldene Schrein mit den Reliquien des heiligen Liborius wird in einer Prozession gezeigt.

Die russische Orthodoxie aber ist noch einer voraufklärerischen Welt verhaftet, es ist ein bildmächtiger, emotionaler und weihrauchgeschwängerter Ritus, dem die Menschen sich mit dem »Bauch« hingeben. Er erfüllt genau das, was Religionen immer tun, sie halten die Armen arm (zumindest im Geiste) und die Mächtigen mächtig, trotz der Metapher von dem Reichen, der eher durchs Nadelöhr passt, als dass er ins Himmelreich kommt. Religion ist insoweit irrational und besonders in schwierigen Zeiten wird sie »Valium (Opium) des Volkes«. Es ist abgegriffen, aber treffender kann man es nicht benennen. Am Vorabend des Ersten Weltkrieges war die Orthodoxie der Diener des absolutistischen Zarenregimes, der Adel lebte in Saus und Braus, ebenso eine großbürgerliche Schicht, das Volk lebte erbärmlich, aber, dank ihrer Popen, wahrscheinlich zufrieden in der Aussicht auf den Lohn im Jenseits. Eine ähnliche Rolle könnte die Orthodoxie im neuen Putin'schen Russland spielen. Eine Fernsehdokumentation auf 3sat zog ebenfalls eine solche Linie und verwies auf den Protest der Frauengruppe Pussy Riot in einer Moskauer Kirche. Sie wollte genau auf diese unheilige Allianz von Staat und Kirche und auf gegenaufklärerische Tendenzen in Russland hinweisen. Die Staatsmacht schlug brutal zurück und die Frauen mussten es mit einer hohen Gefängnisstrafe büßen. Der Schuldvorwurf lautete: Blasphemie, also Gotteslästerung und Verletzung der Gefühle religiöser Menschen. Dennoch war diese Aktion ein mutiges Zeichen, sie hat das Regime lächerlich gemacht und auf die Gefahr eines neuen Totalitarismus in Russland hingewiesen. Im ›Spiegel‹ Nr. 29/2014 stellt sich der russische Philosoph Alexander Dugin einem Interview. Wir lernen sein antiwestliches, antieuropäisches, antiliberales und antiaufklärerisches Gedankengut kennen. Sein Kernsatz lautet: »Jeder Westler ist ein Rassist.« Dafür verherrlicht er die russische Kultur, die Religion und das russische Menschenbild insgesamt. Er soll Einfluss auf Putin haben. Es gibt einen kleinen Hoffnungsschimmer: Die russische Akademie der Wissenschaften hat ihn ausgeschlossen, weil er sich politisch und nicht wissenschaftlich äußert.

Ich gehe auf einen Text von Ljudmilla Ulitzkaja, einer russischen Schriftstellerin, ein, weil er in dramatischer Weise auf die Gefahren der sowjetischen, namentlich der Putin'schen, Politik hinweist und der angesichts der wachsenden Spannungen zwischen Putin, der Ukraine, der EU, der USA und der Nato noch an Aktualität gewonnen hat. Er entstammt einem Essay, der im Spiegel veröffentlicht wurde. (Der Spiegel 34/2014) Die Verfasserin steht in Moskau unter großem Druck.

Sie drückt in ihrem Essay ihr großes Entsetzen, ihre Trauer und ihre Scham über den derzeitigen Zustand ihres Landes aus. Ihr Land habe »gegenwärtig den Werten der Kultur, den Werten des Humanismus, der Freiheit der Persönlichkeit und der Idee der Menschenrechte, einer Frucht der gesamten Entwicklung der Zivilisation, den Krieg erklärt«. »Mein Land«, so schreibt sie weiter, »krankt an aggressiver Unbildung, Nationalismus und imperialer Großmannssucht.« Und an anderer Stelle schreibt sie: »Mein Land bringt die Welt mit jedem Tag einem neuen Krieg näher, unser Militarismus hat bereits in Tschetschenien und Georgien die Krallen gewetzt, und nun trainiert er auf der Krim und in der Ukraine.« Sie erinnert an die gemeinsame Kulturgeschichte Russlands und Europas, an die großen Maler, Philosophen, Schauspieler und Wissenschaftler der »europäischen Völkerfamilie« und sie hofft inständig, dass, so wie die religiösen Fanatiker und die kommunistischen Ideen dieses gemeinsame Erbe in der Vergangenheit nicht zerstören konnten, es den »machtbesessenen Wahnsinnigen« heute ebenfalls nicht gelingen möge.

Die Welt steht am Abgrund. 7,2 Milliarden Menschen werden nicht menschenwürdig leben können. Wir bräuchten dafür drei bis vier Erden. Konflikte, Bürgerkriege und asymmetrische Kriege sind in vielen Regionen ausgebrochen, ein Rückfall in den »Kalten Krieg« ist nicht ausgeschlossen, instabile Länder verfügen über Atomwaffen. Eine Weltbefriedungsstrategie gibt es nicht. Ich habe es an anderer Stelle beschrieben. Es muss eine Konversion geben, wie immer das geschehen kann: Weg vom irrationalen Denken hin zu aufgeklärtem Wissen und Handeln.

Dem steht der weltweit fortschreitende religiöse Fundamentalismus entgegen. Es ist leider nicht nur ein Problem der ungebildeten Massen in den Armutsländern, sondern auch, man glaubt es kaum, gerade auch des so fortschrittlichen Amerikas. Wenn eine Bevölkerungsmehrheit dort entgegen aller Vernunft an den biblischen Schöpfungsmythos glaubt, darf es nicht verwundern, dass eine Regierung mit Gott an ihrer Seite zum Krieg gegen das Böse auffordert und dann auch den Krieg führt. Ich habe diese Evangelikalen und Tea-Party-Leute als Idioten bezeichnet, das ändert nichts. Sie werden immer mehr, gerade auch in vielen Ländern Afrikas.

Der religiöse Fundamentalismus scheint die Geißel des 21. Jahrhunderts zu werden. Nach einer dreitausendjährigen Geschichte des Monotheismus mit all ihren Schrecken und den »Urkatastrophen« des 20. Jahrhunderts ist eine solche Entwicklung unfassbar. Jeder unvoreingenommene Leser wird die täglichen Manifestationen der Religionsanhänger sehen oder davon hören, auch wenn sie im »Westen« häufig nur noch folkloristischen Charakter haben. Das wissen natürlich die Protagonisten und Berufstheisten und predigen und dozieren heftigst dagegen an. Sie rühren an die Urängste der Menschen und versprechen als einziges Heilmittel Gott, den sie in- und auswendig zu kennen vorgeben. Es ist eine verstiegene, schwülstige Suada, die sie über die »Gläubigen« herabregnen lassen, aber sie verfängt immer noch. Was die Menschheit aber gerade heute bräuchte, ist eine Ethik, die sich nicht den Gott der Juden, Christen und Muslime zum Vorbild nimmt, wie er uns in den heiligen Texten vorgestellt wird, sondern eine Ethik des Humanen. Das aber löst bei Berufstheisten Panik aus oder den Versuch, Religion und aufgeklärte Moderne zu verbinden, wie etwa bei dem »Reform«-Theologen Hans Küng. Er gilt als solcher, weil er sich mit der römischen Kurie, also mit seinem obersten Chef, dem Papst, angelegt hat. In seinem »Projekt Weltethos« geht er davon aus, dass »*das Kategorische des ethischen Anspruchs, die Unbedingtheit des Sollens, sich nicht vom Menschen, vom vielfach bedingten Menschen her, sondern nur von einem Unbedingten her begründen lässt: von einem Absoluten her, das einen übergreifenden Sinn zu vermitteln vermag und das den einzelnen Menschen, auch die Menschennatur, ja, die gesamte menschliche Gemeinschaft umfasst und durchdringt*«. Verstanden!? Er geißelt die beiden »Göttinnen – Vernunft und Wissenschaft« und glaubt, in der Bibel (oder dem Koran) jenes sogenannte »Humanum« gefunden zu haben, auf das sich ein globales Weltethos gründen könne. Michael Schmidt-Salomon nennt das »eine Meisterleistung intellektueller Unredlichkeit« und meint, dass »konsequente Aufklärer nur erstaunt den Kopf schütteln«.

Immanuel Kant, der große Vordenker und Aufklärer,

hat es damals schon besser gewusst und geschrieben. Ich füge zwei Zitate an aus seiner Schrift »Die Religion innerhalb der Grenzen der bloßen Vernunft«:

»Die Moral, sofern sie auf dem Begriffe des Menschen als eines freien, eben darum aber auch sich selbst durch seine Vernunft an unbedingte Gesetze bindenden Wesens gegründet ist, bedarf weder der Idee eines anderen Wesens über ihm, um seine Pflicht zu erkennen, noch einer andern Triebfeder als des Gesetzes selbst, um sie zu beobachten. Wenigstens ist es seine eigene Schuld, wenn sich ein solches Bedürfniß an ihm vorfindet, dem aber alsdann auch durch nichts anderes abgeholfen werden kann: weil, was nicht aus ihm selbst und seiner Freiheit entspringt, keinen Ersatz für den Mangel seiner Moralität abgiebt. – Sie bedarf also zum Behuf ihrer selbst (sowohl objectiv, was das Wollen, als subjectiv, was das Können betrifft) keinesweges der Religion, sondern Vermöge der reinen praktischen Vernunft ist sie sich selbst genug.« Und weiter:

»Die wahre, alleinige Religion enthält nichts als Gesetze, d.i. solche praktische Principien, deren unbedingter Nothwendigkeit wir uns bewußt werden können, die wir also als durch reine Vernunft (nicht empirisch) offenbart anerkennen. Nur zum Behuf einer Kirche, deren es verschiedene gleich gute Formen geben kann, kann es Statuten, d.i. für göttlich gehaltene Verordnungen, geben, die für unsere reine moralische Beurtheilung willkürlich und zufällig sind. Diesen statutarischen Glauben nun (der allenfalls auf ein Volk eingeschränkt ist und nicht die allge-

74

meine Weltreligion enthalten kann) für wesentlich zum
Dienste Gottes überhaupt zu halten und ihn zur obersten
Bedingung des göttlichen Wohlgefallens am Menschen
zu machen, ist ein Religionswahn, dessen Befolgung ein
Afterdienst, d.i. eine solche vermeintliche Verehrung Got-
tes, wodurch dem wahren, von ihm selbst geforderten
Dienste gerade entgegen gehandelt wird.«
Sein Biograf Manfred Kühn beschreibt Kants Ver-
hältnis zur Religion so:
»Die organisierte Religion erfüllte ihn (Kant) mit Zorn.
Jedem, der Kant persönlich kannte, war klar, dass ihm
der Glaube an einen persönlichen Gott fremd war. Gott
und Unsterblichkeit hatte er zwar postuliert, glaubte aber
selbst an keines von beiden. Seine feste Überzeugung war,
dass derartige Glaubensvorstellungen lediglich eine Sache
des ›individuellen Bedürfnisses‹ seien. Er selbst empfand
kein derartiges Bedürfnis.«
So oder so ähnlich dürften viele Aufklärer und noch
mehr aufgeklärte Menschen denken, aber es reicht
nicht für eine globale Konversion. Das erste bis heute
gültige Manifest der Aufklärung ist die amerikanische Unabhängigkeitserklärung, verfasst von Thomas
Jefferson und 1776 beschlossen. Dass alle Menschen
gleich sind, wird aus dem Naturrecht abgeleitet, auch
wenn man »nach Gottes Willen« hinzufügt. Die Praxis der nächsten zweieinhalb Jahrhunderte hat dem
Postulat zwar nicht standgehalten, aber der Grund-
stein für den aufgeklärten säkularen Staat war damit

unwiederbringlich gelegt. Wie wir aber aus der Geschichte gelernt haben, kamen nach dem Frühling der Menschenrechte, dem Aufbruch von Freiheit, Gleichheit und Brüderlichkeit, die napoleonischen Kriege und der Kampf der alten europäischen Feudalmächte gegen den gnadenlosen Usurpator und danach die Metternich'sche Restauration, und es hieß zunächst in Europa: »Zurück, marsch, marsch!«, zu Feudalismus und Absolutismus und Gottesgnadentum und religiösem Fundamentalismus. Erst nach den Verheerungen des 19. und 20. Jahrhunderts konnte in Deutschland 1945 wieder an die alte Menschenrechtstradition angeknüpft werden, nachdem der erste Versuch mit der Weimarer Verfassung gescheitert war. Die Mütter und Väter unseres Grundgesetzes haben die beste Verfassung aufgeschrieben, die es je in Deutschland gegeben hat. In einem Punkt aber sind sie nicht aufgeklärt und mutig genug gewesen, weil sie den Gottesbezug an die erste Stelle geschrieben und damit die Trennung von Staat, Gesellschaft und Religion nicht wirklich durchgesetzt, sondern im Gegenteil den beiden Großkirchen eine staatstragende Rolle zugewiesen haben. Es war u. a. der nationalsozialistischen geistigen Verwüstung geschuldet. Bei Karlheinz Deschner, dem bedeutendsten Kirchenkritiker, kann man exakt nachvollziehen, wie der konservative rheinische Katholizismus eines Konrad Adenauer sich in dieser Frage durchgesetzt hat. Das

Staatskirchentum wurde garantiert, das von dem Kirchensteuereinzug durch den Staat, den Dotationen für hohe kirchliche Amtsträger, Sitz in den Rundfunkräten, der Übernahme der Kirchenbaulasten durch den Staat (sie wurden vor einigen Jahren weitgehend durch erhebliche Zahlungen an die Kirchen abgelöst), den Konfessionsschulen und konfessionellen Kindertageseinrichtungen, dem Anspruch auf Religionsunterricht durch kirchlich ausgebildete und lizenzierte Lehrer/innen an öffentlichen Schulen, dem Zusatz bei der Eidesformel, »So wahr mir Gott helfe«, bis zu dem allgegenwärtigen Kreuzsymbol in fast allen staatlichen Amtsgebäuden usw. reicht. Es hat dem Land nicht geschadet, sagen die Religionsanhänger. Jedenfalls war die religiös-ideologische Ausrichtung von vornhinein festgelegt, die C-Parteien waren und sind bis heute die Hüter dieser Ausrichtung, teilweise in der bayerischen CSU mit stärkerem orthodoxen Lokalkolorit. Wer in diese scheinheilige und frömmelnde Welt des altöttingschen katholischen Devotionalienkitsches und der Heuchelei einen Blick werfen möchte, um sich zu gruseln, dem empfehle ich Andreas Altmanns Buch »Das Scheißleben meines Vaters …« (klingt nicht gut und macht wütend). Es gibt diese Welt immer noch, wenngleich häufig aufgehübscht mit allerlei folkloristischem Schnickschnack, siehe Liborifest in Paderborn.
Der »Kalte Krieg« führte auch sehr schnell zur Wie-

derbewaffnung und fortan gab es auch wieder die zwiespältige Haltung der Religiösen zu militärischer Gewalt und es gab und gibt die Einsetzung von Militärbischöfen und Militärpfarrern und die wohlfeilen Segenssprüche für die »Guten«, wenn auch nicht mehr so vollmundig.

Die Konversion »Vom Glauben zum Wissen« tritt gerade in eine neue Phase. In der Bundesrepublik leben vier Millionen Migranten, die sich zum Islam bekennen, auch das Judentum stellt in Deutschland eine beachtliche Größe dar, auch politisch. So gibt es ein scheinbar friedliches Zusammenleben der drei monotheistischen Religionen. Daneben gibt es viele weitere, teilweise fundamentalistische Ableger der monotheistischen Großreligionen, aber auch alle anderen Religionen haben hier ihre Anhänger, z. B. Buddhisten und Hindus. Sie alle leben scheinbar friedlich unter dem Schirm des Grundgesetzes in einem reichen Land nebeneinander. Die Konflikte aber sind vorgezeichnet, es geht um das Recht, Moscheen zu bauen, den islamischen Religionsunterricht an öffentlichen Schulen, das Kopftuch im öffentlichen Dienst, die blutige und sehr umstrittene Knabenbeschneidung, das Schächten von Tieren bei der Schlachtung, aber auch das Kreuz im Klassenzimmer und den christlichen Anspruch auf eine ebensolche »Leitkultur« und anderes mehr. Müssen wir uns Sorgen machen? Nicht, solange der allgemeine Wohl-

stand und eine oberflächliche Freizeit- und Eventkultur vieles verdeckt. Wir erleben gerade »Arabiens
Stunde der Wahrheit«, wie ein Bestseller von Peter
Scholl-Latour heißt. Der zerrissene Nahe und Mitt-
lere Osten ist nicht weit von Europa entfernt, die
Auswirkungen der Kriege und der völligen Staaten-
auflösungen bekommen wir täglich zu spüren. Eine
im siebten Jahrhundert entstandene Nomaden- und
Wüstenreligion hat sich bis heute nicht verändert, ist
nicht durch die Schule der Aufklärung gegangen, hat
kein neues Menschenbild entstehen lassen, wie es die
europäische Renaissance getan hat, und trifft nun in
der westlichen Welt auf seine säkular gewandelten
Vettern. Der Ausgang ist ungewiss, man muss kein
Schwarzmaler sein, könnte dafür aber gute Gründe
ins Feld führen. Hätte der ehemalige, an einer Kam-
pagne gescheiterte Bundespräsident Christian Wulff
diesen unsäglichen Satz »Der Islam gehört auch zu
Deutschland« nur nie gesagt oder hätte er stattdessen
gesagt: Konstitutiv für unser Land ist unsere Verfassung mit ihren Grundrechten. Sie ist aus dem Geist
der Aufklärung entstanden. Sie steht über jeder religiösen Ideologie. Sie garantiert die Glaubensfreiheit
jedes Menschen, aber keine fundamentalistischen
Ansprüche und Deutungshoheiten.
Ich habe zu Beginn einen der kompetentesten Kriti-
ker des Islam, Hamed Abdel-Samad, zitiert. So sieht
er die islamische Welt. Sie bietet ein Bild völliger Zer-

rissenheit innerhalb der islamischen Glaubensrichtungen Sunna und Schia. Die nichtislamische Welt der »Ungläubigen« wird von fundamentalistischen Gruppen bedroht und mit dem »Schwert des Propheten« bekämpft. Überall rufen Fundamentalisten zum Dschihad, zum heiligen Krieg auf. Man träumt von der Wiedererrichtung des Kalifats. Sind es die Spinnereien von Wahnsinnigen? Hamed Abdel-Samad wird von einer Fatwa, einem Tötungsbefehl, bedroht. »Müssen wir den Islam fürchten? Ja. Gerade, wenn wir Muslime sind. Denn wir erleben eine neue Dimension des globalen Dschihad, eine Entfesselung der radikalsten Kräfte des Islam«, schreibt er. (Ich möchte an dieser Stelle erwähnen, dass gesagt wird, die Mauren, die vom 8. bis zum 15. Jahrhundert in Al-Andalus herrschten, seien tolerante Vertreter des Islam gewesen; das mag zum Teil gelten. Den bis zu 100.000 Juden, die unter islamischer Herrschaft in Spanien lebten, ist es besser ergangen als in den christlichen Reichen. Unstrittig ist aber, dass wir dem Emirat oder Kalifat von Cordoba große zivilisatorische Leistungen verdanken.)

Es ist zu befürchten, dass es erst noch schlimmer kommen muss mit dem innerislamischen Gemetzel, bevor es besser werden kann, ein sehr zynischer Satz, wie ich weiß. Eine junge Generation überall in der Welt, auch in den islamischen Ländern, wird sich nicht mehr religiösen Irrationalismen, Geboten und Verboten unterwerfen, wenn, ja wenn sie nicht so perspektivlos abgehängt bleibt oder sich abgehängt fühlt wie derzeit. Niemand kann heute verlässlich sagen, was das für uns in Europa und für die Menschheit als Ganzes bedeutet. Am 9. Aug. 2014 las ich auf »tagesschau.de«: Der Westen muss militärisch intervenieren! Wer und wie und wo bitte? Es sind die üblichen humanitären Hilfeschreie. Deutsche Soldaten, etwa als Blauhelm-Soldaten mit UNO-Mandat gegen die IS im Irak: unvorstellbar. Es ist reine Rhetorik. Immerhin fliegen die Amerikaner wieder Einsätze gegen die »Terror-Milizen«, Deutschland schickt Waffen an die Kurden. Die Verhältnisse sind in jeder Hinsicht asymmetrisch. Ohne Konversion im Sinne Kant'scher Aufklärung wird die Befriedung der Menschheit und ihre Überlebensfähigkeit, so fürchte ich, nicht gelingen.

PS: Konversion bezeichnet als Fachbegriff auch die Umwandlung militärischer Einrichtungen und Anlagen in zivile. Insofern wäre das auch ein weiteres Ziel. Konversion muss es aber auch in der Wirtschaft und der privaten Lebensführung geben, wenn Überleben gelingen soll.

»Tötet die Ungläubigen!«

»Aufklärung ist Ärgernis, wer die Welt erhellt, macht ihren Dreck deutlicher.«
»Ja, es muß ein eigentümliches Vergnügen sein, von Jahrhundert zu Jahrhundert im Blut der Menschheit zu schwimmen und Halleluja zu rufen!«
»Ohne Religion, ohne institutionalisierte Religion, wäre ein gewaltiger Faktor des Unfriedens beseitigt, aber gewiß nicht der Unfrieden an sich. Denn Macht ist da alles. Macht aber führt früher oder später zu Gewalt.«

Karlheinz Deschner, Schriftsteller, Kirchen- und Religionskritiker und Aufklärer

Ich möchte aus aktuellem Anlass einen Zwischenruf hinzufügen. Wäre ich schon früher dem bedeutenden Aufklärer der Gegenwart, Karlheinz Deschner, begegnet, hätte ich mich früher zu sagen und zu schreiben getraut, was ich lange denke.
Am 14. September 2014 besuchen meine Frau und ich eine Ausstellung im Freilichtmuseum Detmold unter dem Titel »Der Erste Weltkrieg in privaten Fotografien«. Das Bild mit den Soldaten im Ersten Weltkrieg (s. *Die Urkatastrophe*) wollen wir der Kuratorin zeigen und eventuell Näheres über die Hintergründe des Bildes erfahren. Fast alle Fotografien

dieser Fotodokumentation stammen von dem Foto-
grafen Johannes Kaup aus unserer Nachbarstadt Ge-
seke. Daher gibt es für uns einen lokalen Bezug. Kaup
gehörte als Fotograf einer Kriegspropagandaeinheit
an. So viel zum Anlass des Besuchs. Die Kuratorin
treffen wir nicht, dafür können wir uns eine beein-
druckende Filmdokumentation über den Weltkrieg
mit teilweise schockierenden Bildern von der Front
– »Aus dem Felde« – und von der »Heimatfront« in
Deutschland anschauen, die allein den Besuch ge-
lohnt hätte. Es sind die von der Kriegspropaganda
üblichen geschönten Bilder, aber auch die weitgehend
unbekannten, von der Regierung nicht freigegebenen
erschütternden Bilder der Toten oder Verstümmelten
und Entstellten und der Hungernden und Frierenden
in der Heimat. Wir sind tief berührt, obwohl wir ähnliche Bilder häufiger gesehen haben. Sie müssen jeden
empfindsamen Menschen zum Nachdenken führen.
Auf der Rückfahrt hören wir die Radionachrichten.
Sie berichten vom Mord an der englischen Geisel David Haines im Irak durch einen salafistisch
unkenntlich verkleideten Henker der IS-Rebellen.
Es ist bereits der dritte Geiselmord nach den Enthauptungen der beiden Amerikaner James Foley und
Steven Sotloff. Die Enthauptungen stellen die Täter
in das weltweite Netz. Das Grauen ist nicht steige-
rungsfähig. Alle Verantwortlichen in Politik und Medien äußern sich, richtigerweise, entsprechend. Der

britische Premier Cameron bezeichnet die getötete britische Geisel als Held (»a british hero«). Dies ist einem starken Auftritt Camerons geschuldet. Dieser »Held« aber ist ein bedauernswertes Opfer unsäglicher Zustände, des Irrationalismus und des religiösen Fanatismus und Fundamentalismus in seiner abscheulichsten Form. Hamed Abdel-Samad nennt es »islamischen Faschismus«. Er ist ein weiteres Opfer in einer langen Reihe, das aber macht es nicht kleiner und soll nichts relativieren. Etwas historische oder politische Kenntnis und die Wahrhaftigkeit aber verlangen, dass man den Gesamtzusammenhang nicht aus den Augen verliert. Ich möchte an dieser Stelle Jan Assmann mit seiner »Monotheismus-These« zitieren, die er in seinem Buch ›Moses der Ägypter‹ aufstellt: »Die sogenannten monotheistischen Religionen sind intrinsisch gewalttätig« (aus sich selbst heraus, nach eigenem Selbstverständnis). Diese These wurde und wird heftig angegriffen; das ist im wissenschaftlichen Diskurs selbstverständlich, hier fühlt sich aber sofort die Fakultät der Berufstheologen herausgefordert. Ich habe eine überzeugende Gegenposition für mich nicht erkennen können. Wenn man bei Karlheinz Deschner die Opferzahlen allein der christlichen Gewaltausübung, seitdem das Christentum durch Kaiser Konstantin im vierten Jahrhundert Staatsreligion wurde, zusammenrechnet, darf man der Assmann'schen These durchaus folgen.

Man muss auch die Schoah, also den Mord an sechs Millionen Juden durch Hitlerdeutschland, dazurechnen. Gewalt gegenüber Juden auszuüben war vom Mittelalter bis in die Neuzeit in vielen Ländern Europas und Russlands unter den Christen völlig erlaubt, von den Mächtigen der Kirche angeordnet (Autodafé) oder zumindest nicht strafwürdig. Hinzu kommen die Untaten der Inquisition gegenüber Ketzern und »Ungläubigen« sowie der Völkermord an der südamerikanischen Urbevölkerung beim Einfall der Europäer, von den Kreuzzügen des 11. bis 13. Jahrhunderts ganz zu schweigen.

Das Bild eines pompös inszenierten Autodafés von Pedro Berreguete (1450 – 1504) auf der folgenden Seite zeigt die Umsetzung des Tötungsgebots gegenüber den Ungläubigen oder Falschgläubigen.

Aber auch die Geschichte des alttestamentlichen Israel ist eine Geschichte religiöser Gräueltaten mit Jahwe gegen die Ungläubigen. Der Islam hat ebenfalls nie auf Gewalt gegenüber den Ungläubigen, also auch nicht gegenüber seinen abrahamitischen Vettern Judentum und Christentum verzichtet. Gegenüber den eigenen Rechtgläubigen war der eigene Glaube festigend und hilfreich zum Leben.

Einen bedeutsamen Unterschied aber gibt es: Die christlichen Kirchen und der Islam missionieren und bekehren, Erstere inzwischen ohne das Schwert, Letzterer aber dort, wo er eine Machtoption hat oder

Abb. 4: Autodafé von Pedro Berreguete

sie bekommt, mit allen Mitteln, die ihm zu Gebote stehen. Die orthodoxen Juden missionieren nicht, bleiben unter sich und sind manchmal ein Ärgernis für die säkulare Umgebung.

Am 14. Sept. 2014 veranstaltet der Zentralrat der Juden in Deutschland eine Großkundgebung in Berlin unter dem Motto: »Steh auf! Nie wieder Judenhass!« Die gesamte Politprominenz ist anwesend und neben dem Präsidenten des Zentralrats mahnt die Bundeskanzlerin eindringlich zum Widerstand gegen jede Form von Antisemitismus. Es ist dringend geboten. Immer war in Deutschland, aber auch in anderen christlichen Ländern ein mehr oder weniger großer Bodensatz an antisemitischen Einstellungen zu beobachten, aber jetzt schlägt eine israelkritische Stimmung in offenen Judenhass um. Der Israel-Palästina-Konflikt und der jüngste Gaza-Krieg sind ein gefundenes Fressen für Antisemiten. Die Berechtigung der Kritik an der israelischen Politik bleibt unbestritten. Natürlich ist aber auch dieses Drama religiös hinterlegt. Es zeigt sich, dass die drei Monotheismen in Deutschland nur scheinbar friedlich koexistieren, eingehaust durch unseren Rechtsstaat in ihren jeweiligen religiösen und/oder ethnischen Gruppen. Den Fundamentalismus, die rechthaberische Orthodoxie bei Forderungen nach Sonderrechten und das Heilsgewisse der Religiösen lässt die säkulare Gesellschaft weitgehend außer Betracht, solange es nicht als störend empfunden wird. Es kann gut und friedlich gehen, sicher ist es nicht.

Bibel, Thora und Koran sind alt, ehrwürdig und mächtig. Sie sind für eine aufgeklärte und säkulare Gesellschaft nicht tragbar, solange sie das Humanum dem Divinum hintanstellen. Zum Frieden und zur Menschenwürde führt nur die strikte Trennung von Staat und Religion, nur das kann die Heilsgewissen zügeln. Religionen, so mein Plädoyer, dürfen nach dem Verständnis von Aufklärung nirgendwo eine Machtoption haben. Wie der Islam diese Entwicklung gestaltet, ist völlig offen. Die gegenwärtige Weltsituation lässt zweifeln. Ob es hilft, dass zwei hochrangige islamische Geistliche den Islamischen Staat (IS) als nicht zum Islam gehörend verdammt haben? Noch wird weiter getötet, vertrieben und geschändet. Kann ernsthaft bestritten werden, dass es religiös »befeuert« ist?

Die Letzten?

Es ist nie so weit, die Apokalypse findet nicht statt. Alle Weissager(innen), Wahrsager(innen), Seher(innen), Priester(innen), Schamanen und naive Öko-Apostel können sich wieder entspannen.

Nostradamus, kryptische Wahrsage-Quacksalberei, immer »richtig« und immer daneben!

Johannes der Offenbarer, Gott ist Anfang und Ende, und dieses kann nur furchtbar sein.

Der Maya-Kalender, am 21. Dezember 2012 ist Weltuntergang, ein wahres Freudenfest aller Esoteriker!

Mit Kassandra, der Seherin von Troja, Tochter des Priamos, kann man für unsere Betrachtungen etwas anfangen, leitet sie ihre Untergangsprophetien doch aus akribischer Menschenbeobachtung ab, und, wie wir richtig vermuten, da blickt sie in einen Abgrund: Das »Abbild der Götter« ist eine Bestie! Homo homini lupus!

So einfach also ist der Weltuntergang nicht; aber der »nackte Affe« Homo sapiens sapiens, also der zweimal weise, bereitet hartnäckig seinen Abtritt von diesem Planeten vor. Warum will dieses intelligente, sich seiner selbst bewusste, schöpferische, die Natur beherrschende, erfinderische, über Ethik, Religion und Moral verfügende, zu Altruismus fähige Wesen nicht aufhören sein Überleben als Spezies zu »verunmöglichen«? Oder *kann* der »nackte Affe« nicht anders? Andere Zeugen und Zeugnisse sind verlässlicher.

Chief Seattle, Häuptling der Duwamish-Indianer, hat 1855 seine inzwischen berühmte Rede vor dem Kongress der Vereinigten Staaten gehalten. Sie enthält die Philosophie und Theologie der Indianer; man kann sie als Betrachtungen eines Primitiven abtun oder, noch fataler, in die Esoterik-Schublade packen, aber man kann sie auch auf ihre richtige Kernaussage zusammenbinden:

»Wir sind ein Teil der Erde, und sie ist ein Teil von uns. Die Erde ist unsere Mutter. Was die Erde befällt, befällt auch die Söhne der Erde. Wenn Menschen auf die Erde spucken, bespeien sie sich selbst. Denn das wissen wir: Die Erde gehört nicht den Menschen, der Mensch gehört zur Erde. Alles ist verbunden. Was die Erde befällt, befällt ... uns! Auch die Weißen werden vergehen, eher vielleicht als die anderen Stämme. Fahret fort, euer Bett zu verseuchen, und eines Nachts werdet ihr im eigenen Abfall ersticken. Aber in eurem Untergang werdet ihr hell strahlen, angefeuert von der Stärke des Gottes, der euch in dieses Land brachte und euch bestimmte über dieses Land und den roten Mann zu herrschen. Diese Bestimmung ist uns ein Rätsel. Wenn die Büffel alle geschlachtet sind, die wilden Pferde gezähmt, die heimlichen Winkel des Waldes schwer vom Geruch vieler Menschen und der Anblick rei-

fer Hügel geschändet von redenden Drähten: Wo ist das Dickicht? Fort! Wo ist der Adler? Fort! Und was bedeutet es, Lebewohl zu sagen dem schnellen Pony und der Jagd?« Das Ende des Lebens und den Beginn des Überlebens! Sic! Das ist Bildsprache eines nicht von westlicher Zivilisation verdorbenen »Primitiven« und es ist voller Metaphorik und Weisheit.

Dennis Meadows ist Wissenschaftler und hat 1972 für den Club of Rome sein berühmtes Buch »Die Grenzen des Wachstums« geschrieben. Nüchtern und exakt extrapoliert er aus verfügbarem Datenmaterial zukünftige Entwicklungen des Lebens auf dieser Erde. Nach der üblichen Methode, dass man dem Überbringer ungünstiger Botschaften Unwissenschaftlichkeit (oder Übleres) anhängt oder ihn in den Feuilletons oder populärwissenschaftlichen Veröffentlichungen kurz hochjubelt, ist Nachhaltiges aus dieser Studie nicht erwachsen. Im ›Spiegel‹-Interview antwortet er auf die Frage nach der Qualität seines damaligen Modells: *»Erstaunlich gut – leider. Wir stecken mitten in der Umweltkrise, die wir damals vorhergesagt haben, mit dem Unterschied, dass wir 40 Jahre weitgehend verloren haben, in denen die Menschheit hätte handeln können.«* Auf den Einwand, er klinge ziemlich hoffnungslos, antwortet er: *»Nein, wir werden durch den Klimawandel als Spezies Mensch nicht aussterben. Die Menschheit hat schon Eiszeiten überlebt, da werden*

*wir auch eine Warmzeit überleben. Ob wir am Ende im-
mer noch zu Milliarden in Flugzeugen herumfliegen und
dicke Autos fahren, wage ich aber zu bezweifeln.«* Frage: Geht es mit neun Milliarden Menschen auf der
Erde? *»Nein. Schon sieben Milliarden Menschen sind für
diesen Planeten zuviel, wenn sie alle einen erträglichen
Lebensstil haben sollen. Wenn man akzeptiert, dass nur
eine kleine Elite einen erträglichen Lebensstil hat und der
Rest nicht, sind fünf bis sechs Milliarden Menschen in
Ordnung. Wenn jeder das volle Potential von Mobilität,
Ernährung, Selbstentfaltung haben soll, sind es ein oder
zwei Milliarden.«*

Frage: Ein Rezept zur Rettung der Welt haben Sie
also auch nicht? *»Wir müssen die Welt nicht retten. Die
Welt wird sich selbst retten, so wie sie es immer getan hat.
Manchmal dauert es eben einige Millionen Jahre, bis ein
Schaden repariert und ein neuer Gleichgewichtszustand
eingetreten ist. Die Frage ist vielmehr: Wie retten wir
unsere Zivilisation?«*

Das ist deutlich, sehr deutlich, aber keine Prophezei-
ung oder ein datierbares Szenario, sondern eine letzten Endes nicht beantwortete Frage, die aber doch
die Antwort nahelegt: Rettung nicht vorstellbar, nicht
wahrscheinlich, eher unmöglich.

Jared Diamond ist Universalgelehrter, jemand, der
die verschiedenen Wissenschaftsdisziplinen für seine
Forschungen und Hypothesen heranzieht. Wie kaum

ein anderer hat er sich mit der menschlichen Natur auseinandergesetzt und daraus die Schlüsse für seine Thesen gezogen. In seinem großen Werk »Kollaps – Warum Gesellschaften überleben oder untergehen«, macht er fünf Faktoren für den Untergang von Zivilisationen verantwortlich und verdeutlicht das an sieben untergegangenen Homo-sapiens-sapiens-Kulturen. Ich fasse diese vereinfacht zusammen.

Der erste Faktor sind die Schäden, die eine Bevölkerungsgruppe ihrer Umwelt unabsichtlich zufügt. Das ist ohne Beispiele völlig evident. Der zweite Faktor ist ein Klimawandel, wobei der natürliche Klimawandel viel bedeutender war und ist als der gegenwärtig medienträchtig diskutierte, von Menschen gemachte Klimawandel. Er soll nicht bestritten werden. Ob daran das Überleben unserer Zivilisation hängt, darf bezweifelt werden. Er könnte sich als Verstärker und Beschleuniger erweisen. Der dritte Faktor sind feindliche Nachbarn. Die möglichen Konfliktherde unserer globalen Zivilisation aufzuzählen ist erschreckend und ernüchternd zugleich. Erschreckend, weil sie gegenwärtig sind und leicht wegen atomarer Eskalation globale Ausmaße annehmen können, und ernüchternd, weil alle Versuche internationaler Eindämmung scheitern werden. Die einzige verbliebene Weltmacht Amerika scheitert kläglich, die UNO ist ein machtloser Debattierclub, in dem die Konflikte einstweilen rhetorisch abgehandelt werden, derweil aber bereits überall die Feuer zündeln und scharf geschossen wird. Der vierte Faktor ist überraschend widersprüchlich: Statt einer wachsenden Zahl von Feinden hat die Zivilisation keine Unterstützer und Freunde. Wenn die westlichen Länder von Erdöl und Erdgas abgeschnitten würden, würden sie sehr schnell zusammenbrechen. Würde man das militärisch verhindern wollen, wird Faktor drei noch entscheidender. Sollte China sich aus dem globalen Wirtschafts- und Finanzagreement verabschieden, wird dieses virtuelle Konstrukt kaputt sein. Brechen die Terms of Trade im internationalen Handel zusammen, weil Afrika oder Lateinamerika oder Asien unfreundlich sind und die USA oder Europa oder beide über ihre Verhältnisse gelebt haben, führt das zu Zusammenbrüchen.

Der fünfte Faktor ist vielleicht der wichtigste. Er betrifft den Werteüberbau einer Zivilisation. Wie reagieren ihre wirtschaftlichen, politischen und sozialen Institutionen auf die Herausforderungen, man kann auch sagen, auf die Untergangsmöglichkeit? Ich meine, dass ihre Reaktionen unangemessen sind, zu spät kommen, nicht nachhaltig sind, nicht in der Massen- und Mediendemokratie durchsetzbar und nicht mit einer Spaßgesellschaft und einer Eventkultur kompatibel sind. Ein vielstimmiger Chor ist zu hören, sehr dissonant, in kaum einer wichtigen Frage geeint und nur von wenigen oder geschwächten Autoritäten beeinflusst. Aktuelles Beispiel ist die Debatte darum, wie die Verteilungsfrage gelöst werden kann, so dass es als gerecht empfunden wird, wirtschaftlich nützlich ist und die Lösung sowohl national als auch international und global durchgesetzt werden kann.

Alle fünf Faktoren deuten eher auf einen negativen Ausgang hin. Ich fürchte, nein, ich komme zu der Überzeugung, dass alle diese Szenarien, Theorien, Hypothesen und Prognosen, welchen theologischen, ideologischen oder wissenschaftlichen Hintergrund auch immer sie haben, vieles erklären und in einen intellektuellen Diskurs führen können. Aber: Den Abgang des aufrecht gehenden Affen namens Homo sapiens von der Bühne des Lebens können sie nicht erklären. Nicht einmal den Gedanken, dass es zu diesem Abgang kommen wird oder kommen muss, will »man« aufkommen lassen. Die Religiösen jedweder Couleur wollen ihren Schöpfungsmythen nicht abschwören und die Evolutionsbiologen müssen nicht umdenken, denn so oder so wird die Evolution niemals außer Kraft gesetzt. Ihre Gesetze wirken unabhängig davon, welche Arten gerade existieren.

Als aus der Gruppe der Hominiden sich schließlich Homo sapiens herausevolutioniert hatte, war auch sein Schicksal bereits besiegelt. Bisher ist er vor großen Erdkatastrophen wie einem Impakt, also einem Einschlag eines Meteoriten oder Großkometen oder dem Ausbruch eines Megavulkans verschont geblieben. Sie hätten ihn und wahrscheinlich die Mehrzahl der mit ihm lebenden Arten vernichtet, wie bereits mehrfach geschehen. Aber die Evolution wäre weitergegangen und hätte aus den verbliebenen Arten eine neue Artenvielfalt geschaffen. Es ist zu erwarten, dass es zu einem solchen katastrophalen Großereignis kommen wird. Wird das erst in einigen Millionen Jahren der Fall sein, wird Homo sapiens nicht mehr unter den Arten sein, sondern vielleicht ein Lebewesen mit Intelligenz, welches an die dann existierende Erde angepasst ist. Das ist aber nicht Gegenstand meiner Überlegungen. Es geht um die »Gegenwart«, also um die wenigen hunderttausend Jahre, in denen der Homo existiert und sich zu dem Erdbeherrscher entwickelt hat, der er heute ist. Das hat sehr lange gedauert, so lange, wie in einer Wechselwirkung von Lernen, Werkzeuggebrauch und Hirnvergrößerung der moderne Homo sapiens, der Herrscher über alle anderen Arten, entstanden ist, gleichzeitig der Herrscher über alle verfügbaren Ressourcen und scheinbar der Beherrscher der Natur. Das aber ist sein größter »Irrtum« und sein Verhängnis. Es ist seine Fähigkeit, sich mehr und mehr Anteile aus dem gemeinsamen Biotop Erde zu nehmen und für sich und nur für sich zu nutzen, damit seine Lebensgrundlagen ständig auszuweiten und sich schließlich in dem ungeheuren Maße zu vermehren, dass seine Existenz bedroht ist. Er hat die Fesseln der Evolution (scheinbar) gesprengt und damit auch die natürlichen Grenzen, die jeder Art gesetzt sind. Das ist alles andere als »klug« oder gar »weise«, aber er hat es sich an keiner Stelle seiner natürlichen Evolution aussuchen können.

Seit ungefähr zehntausend Jahren ist für den Homo sapiens an die Stelle der natürlichen Evolution die kulturelle Evolution getreten. Diese setzt ihn, anders als in seiner steinzeitlichen Existenz, in die Lage, seine weitere Entwicklung nur noch in exponentiellen Schritten zu vollziehen: Wachstum der Erdbevölkerung auf ca. sieben Milliarden, Entstehung der Megacitys, Abholzung der Urwälder, Überfischung, Überweidung, Überdüngung und so weiter und so weiter. Gleichzeitig werden seine kulturellen und technischen Leistungen immer komplexer, artifizieller und sein kulturelles Biotop bereichernder.

Alle gegenwärtigen Bemühungen der Menschheit sind gekennzeichnet von dem Bestreben, in diese exponentiellen Prozesse wieder so etwas wie Bremsen einzubauen, also nach dem Grundsatz zu handeln: »Quidquid agis, prudenter agas et respice finem!« – »Was immer du tust, tue es weise und beachte das Ende!«, und damit dem Homo sapiens das Überleben zu sichern. Selbst kühnste Optimisten werden daran nicht glauben. Solche lächerlichen »Erfindungen« wie Emissionshandel oder Chinas »Ein-Kind-Politik« sollten als Beispiele für unsere Ohnmacht oder Hilflosigkeit genügen.

Nein, der Homo sapiens wird weitermachen müssen,

weil er nicht anders kann. Wann sein Biotop kollabiert und wie es geschieht, wird nicht erkennbar sein, weil es sich nicht überall gleichzeitig vollziehen wird und auch nicht in Jahren oder Jahrzehnten, sondern Jahrhunderten zu bemessen ist. Es *wird* nur so sein, und die Letzten seiner Art werden es nicht einmal bemerken, es sei denn, eine Megakatastrophe ist die Ursache.

Bis es so weit ist, werden Horrorspezialisten immer neue Weltuntergangsszenarien erfinden, die Menschen aber werden immer wieder hoffen und glauben, dass es »ewig« mit ihnen weitergeht. Hier sind die Religiösen wirklich klug und weise und »wissen« um das »Ende der Welt«, das aber nur ein Ende des Homo sapiens und seiner Kultur und Zivilisation sein wird. Ein Gott, ein »deus ex machina« wird, sosehr man die Gläubigen aller Endzeitreligionen enttäuschen muss, das Ende des Homo sapiens nicht herbeiführen.

Rettung?

Gott wird die Welt nicht »retten«.

Wir selbst »retten« nicht,

uns selbst durch den Glauben an die Rettung durch Technik oder durch die Hoffnung auf Heilsbringer wie Allah, Jehova, Jesus, Buddha, hinduistische Götter oder menschliche Heilsbringer, den Kapitalismus, unseren Wohlstand und Reichtum, unser reines Gewissen durch ein paar Brosamen für die Armen, eine Milliarde Menschen vor dem Verhungern, vier Milliarden Menschen vor elenden Lebensbedingungen, die Ureinwohner Afrikas, Lateinamerikas, Asiens, Nordamerikas vor ihrem Aussterben oder ihrer Verelendung, unser Klima, unsere Urwälder, unsere Meere, unsere Gletscher, große Teile der mit uns lebenden Arten, die Küsten vor dem Meeresanstieg, das fossile Technikzeitalter von seinem Untergang (Öl, Gas, Kohle), tausende Menschen jährlich vor dem Unfalltod

oder vor tödlichen Krankheiten, die jetzt lebenden sieben Milliarden Menschen vor weiteren mindestens zwei Milliarden, uns vor uns selbst, unserer Gier, unserem Konsumfetischismus und unserem Egoismus, den Euro (oder andere Zahlungsmittel), Griechenland, Italien und andere Länder, uns vor dem

Verkehrsinfarkt, unsere Städte vor der Verödung, die
Menschen vor medialer Verblödung, den Homo sapiens sapiens durch Auswanderung auf den Mars, uns
in die Unsterblichkeit und Unendlichkeit eines Gott-
oder Götter-Himmels,
aber unsere Art (vielleicht) doch, wenn es den späten
Sieg der Aufklärung gibt, und zwar global: Trennung
von säkularem Staat und Religion, aufgeklärte Verfassungen mit demokratischen Prinzipien ohne ober-
lehrerhaftes westliches Auftrumpfen, Vereinte Nationen mit Handlungsmacht, Vernunft statt Glauben,
aufgeklärtes Handeln statt Prinzip Hoffnung, Verzicht auf Ausbeutung jeglicher Art, Anerkennung der
Naturgesetze und der natürlichen Kreisläufe, Energie
nur aus regenerativen Quellen, Zugang für alle Menschen auf dem Globus zu diesen Quellen, auch durch
Techniktransfer der Industrieländer, Erhaltung der
Urwälder und Ozeane, Zugang zu sauberem Wasser
für alle Menschen, Verzicht auf die ungeheure Waf-
fenproduktion und den Waffenhandel.

Religion und Ethnie

Vehikel, Brandbeschleuniger oder Selbstfahrlafette
in den Konflikten der Gegenwart und unter der
Agenda der Globalisierung?

Unser Dichterfürst Johann Wolfgang von Goethe lässt da keinen Zweifel aufkommen, was institutionalisierte Religion und ihre Geschichte angeht:

»Mit Kirchengeschichte, was hab ich zu schaffen?
Ich sehe weiter nichts als Pfaffen;
Wie's um die Christen steht, die Gemeinen,
Davon will mir gar nichts erscheinen.«

»Glaubt nicht, daß ich fasele, daß ich dichte;
Geht hin und findet mir eine andere Gestalt!
Es ist die ganze Kirchengeschichte
Mischmasch von Irrtum und Gewalt.«

Es ist Sonntag, der 5. Januar 2014. Soeben begebe ich mich mit meinem Hund auf die morgendliche Radtour durch das Almetal. Es ist sehr still, so wie ich es tausendmal erlebt habe und gewohnt bin. Wenig ist zu sehen, kein Mensch, einige Pferde grasen friedlich in der Nähe, einige Vögel sind zu sehen oder zu hören. Das Wetter ist frühlingshaft mild. Wunderschön, so liebe ich es, man hört ein sehr schwaches Rauschen in

101

den kahlen Laubwäldern zu beiden Seiten des Tales, wenn eine Windböe durchfährt. Über dem Kapellenberg blinken die Lichter des Fernmeldeumsetzers, einige Windradflügel werden bei der Rotation sichtbar, sowohl in westlicher als auch in östlicher Richtung. Am Flughafen Paderborn/Lippstadt startet eine Maschine auf korrekter Abflugroute entlang des Hellwegs, stört nur schwach brummend, und zehntausend Meter über mir sind ein oder zwei Flieger nach Nord oder Süd unterwegs. Sonst nichts!

»Wie ist die Welt so schöne«, könnte und sollte man denken, aber immer wieder drängen sich andere Bilder und Gedanken dazwischen. Am letzten Mittwoch habe ich mit einem Kleintransporter einem 31-jährigen Diplomingenieur aus Kamerun, der seit elf Jahren in Deutschland lebt und hier studiert hat, bei der Wohnungsräumung geholfen. Steve, so heißt der junge Mann, ist von einem österreichischen Ingenieurbüro für ein Eisenbahnprojekt in Rennes (Frankreich) angestellt worden, gibt daher seine Wohnung in Meschede auf und lagert vorübergehend seinen Hausrat in einem Lager in Paderborn ein. Auf Wunsch meines Sohnes, der bei der Firma Eisenbahnprojekte in vielen Ländern managt, habe ich zugesagt, mich um den Transport zu kümmern, was auch gut klappt.

Steve erzählt, dass bereits Teile seiner Familie früher nach Deutschland eingewandert waren, ein Onkel bereits vor dreißig Jahren, und er daher leichter nach Deutschland kommen konnte, weil er von der Familie unterstützt wurde. Eine Schwester ist Ärztin und arbeitet in Bremen, weitere Familienangehörige leben in Hannover und Nürnberg. Steve ist immer noch Kameruner, wird aber voraussichtlich nicht in sein Heimatland zurückkehren, weil die Lebens- und Arbeitsbedingungen dort zu schlecht sind. Seine Freundin, ebenfalls aus Kamerun, 25 Jahre alt und BWL- Studentin in Bielefeld, begleitet Steve und hilft tatkräftig beim Umzug. Beide sind freundliche und angenehme Menschen, sehr intelligent, sprachbegabt und mit gutem Wissen sowohl über Deutschland als auch über ihr Heimatland ausgestattet. Wir können gute Gespräche führen. Steve kennt die Geschichte seines Landes sehr genau und kann auch die Situation in den anderen afrikanischen Ländern zutreffend einschätzen. Wir sprechen darüber, dass die Afrikaner am Ende der Kolonialzeit in den relativ künstlich geschaffenen neuen Staaten wenige Chancen hatten ihre Länder zu entwickeln und nationale Identitäten aufzubauen. Was war vor der Kolonialzeit, also vor zweihundert bis dreihundert Jahren? Die Menschen haben kaum eine Beziehung zu ihrer eigenen Geschichte und Kultur in der vorkolonialen Zeit. Es wird in den Schulen zu wenig darüber vermittelt, über die Kolonialzeit umso mehr. Das kann nicht gut gehen. Wir sprechen über einige Fakten. 80 Prozent der Kameruner sprechen Französisch, 20 Prozent Englisch, daneben gibt es etwa 200 Stammesdialekte, die untereinander nicht verstanden werden. Meine beiden Freunde sind ein Beispiel, in ihrem jeweiligen Dialekt können sie sich nicht verständigen. Ich bin erstaunt und denke, na ja, vor einigen Jahrhunderten verstand ein Friese einen Bayern auch nicht und erst nach Luther bildete sich nach und nach so etwas wie eine deutsche Nationalsprache oder Hochsprache heraus. Aber Afrika heute hat eine andere Geschichte durchgemacht. Die Einheimischen waren von der Gnade ihrer Kolonialherren abhängig, rechtlose Untertanen oder Sklaven, denen ihre europäischen Herren keine gleichen Rechte zugestanden. Sie waren Ressource, Arbeitsressource, so wie ihre wertvollen Bodenschätze es waren, nur dazu bestimmt, den Wohlstand hier in Europa zu mehren. Kamerun war zeitweilig deutsche Kolonie und es gibt noch deutsche Sprachreste, wie ich erstaunt erfahre.

Dann setzte nach dem Zweiten Weltkrieg überall die Entkolonialisierung ein, meist blutig erkämpft von Befreiungsbewegungen, aber mit wenig Ideen, wie es mit der neu gewonnenen Freiheit weitergehen sollte, und mit Staatsgebilden, die es so vorher noch nie gegeben hatte. So erleben wir es seit rund sechzig Jahren. Aus blutigen Kämpfen geht ein fragiler Frieden hervor, danach wird ein Staat ausgerufen, der von einer ethnischen und/oder religiösen Elite dominiert wird. Eine Verfassung wird geschrieben, die natürlich eine Überschrift trägt: *Demokratie*. Eine Wahl besiegelt den Prozess, die Aufnahme in die UNO erfolgt, und danach fangen die Probleme dieses künstlichen Staatsgebildes an: Es geht immer um die Frage, welche Gruppe, Ethnie und/oder Religionszugehörige, die Macht und die Verfügung über Ressourcen in der Hand hat. Meistens lässt sich das nicht konfliktfrei lösen, zumal sofort andere Großplayer auf der Weltbühne mitmischen. Die UNO ist machtlos, am Ende, wenn der Konflikt blutig eskaliert, bleibt, im günstigsten Fall, der Einsatz von Blauhelmsoldaten zum Schutz der Minderheit(en). Es klappt selten gut, die Lage bleibt fragil. Immer mehr aber zeigt sich in diesen Auseinandersetzungen, welch verhängnisvolle Rolle neben der ethnischen auch die Religionszugehörigkeit spielt. Es ist eine notwendige Vereinfachung, die ich vornehme, ich kann auch nicht alle weiteren Fakten heranziehen, aber es ist das prägende Bild Afrikas (besonders Afrikas, aber auch anderer Weltgegenden). Kaum einer der Staaten Afrikas steht auf sicherem Fundament, die Lage verschlimmert sich von Monat zu Monat, immer mehr Länder müssen als »failed states« angesehen werden, z. B. Somalia, Sudan, Mali, Zentralafrikanische Republik und weitere. Nur in wenigen Ländern kann man von »good governance« statt von »bad governance« sprechen. Neben vielen anderen Faktoren ist eine schlechte Staatsführung maßgebend.

Damit will ich den »afrikanischen Focus« insoweit verlassen, als ich mich mit den Ursachen für dieses Desaster der Menschheit befassen möchte, aber mit einem anderen Blick als in vorangegangenen Betrachtungen. Zwei Fragen gingen mir am Sonntagabend durch den Kopf: Welche Rolle spielt die (viel zitierte) *Globalisierung* und was bewirken *ethnische und religiöse Zugehörigkeiten* in diesem Zusammenhang? Was die Rolle der Religion(en) angeht, so ist meine Position klar, ich habe sie vielfach beschrieben. Im Gegensatz zu ihren Anhängern und Protagonisten halte ich sie für einen (den) bedeutenden Spaltpilz der Gesellschaften und für die Ursache unzähliger menschengemachter Katastrophen. Mit »Gott an meiner Seite« kann ich jeden, der diesem Gott nicht dienen will, vernichten. So war es. Ist es noch so? Ist es schon wieder so? Ich habe alle meine Hoffnungen auf die Aufklärung gesetzt, auf ihre Theorien und Gedanken, zu Recht, und der daraus entstandene säkulare Staat ist das schönste Geschenk an die Menschheit. Die Menschen sollen frei sein in ihrem Denken, verpflichtet einer allgemeinen Ethik und Humanität, die überall auf der Welt Geltung haben sollen. Wenn ich aber auf den heutigen Zustand der Welt blicke und die Rolle der Religionen sehe und ihre in Teilen fundamentalistische Renaissance, so wird mir schwarz vor Augen. Neben den etablierten Großreligionen, wozu man neben den drei monotheistischen auch Buddhismus und Hinduismus rechnen sollte, bekennt sich inzwischen wahrscheinlich eine Milliarde Menschen zu evangelikalen Christen oder Pfingstbewegungen. Sie sind für mich der religiöse Arm des amerikanischen Auserwähltheitsmythos, bestimmen die amerikanische Politik und prägen in weiten Teilen die amerikanische Gesellschaft. In der politischen Arena spielen sie als Tea-Party eine wichtige Rolle innerhalb der republikanischen Partei. Sie sind antimodern, antirational, antiwissenschaftlich und »bibeltreu«, also von der Vorstellung geleitet, dass vor sechstausend Jahren Gott die Welt erschaffen hat. Sie sind Kreationisten und bekämpfen die Evolutionslehre. Sie sind Aufklärungsverweigerer. Sie haben riesigen Zulauf nicht nur in den verrückten Vereinigten Staaten, sondern gerade auch in Afrika. Das Schlimme an Religion ist die Verdummung und damit die Verführbarkeit ihrer Anhänger und ihr a priori vorhandener Abgrenzungswille gegenüber allen nicht zu ihnen Gehörenden. Ihre Anhänger aber machen sie glücklich. Es ist eine glückliche Ignoranz der Realitäten und der Welt. »Näher zu Dir, mein Gott«, da kann man nur singen, tanzen, beten und fröhlich sein und sein Elend und das der Welt vergessen. Liege ich mit meiner Auffassung richtig oder überschätze ich die Wirkung der Religion(en) in den gegenwärtigen Weltkonflikten? Meine Recherche hat mich zu einem interessanten Wissenschaftsbeitrag geführt. Schon die Überschrift lässt mich aufhorchen und zucken: »Ethnien und Religion sind keine Kriegsursachen.« So beginnt Günther Schlee vom Max-Planck-Institut für Ethnologie seine Erläuterungen in einem Interview der Süddeutschen: »*Muslime gegen Christen, Schiiten gegen Sunniten, arabische Reitermilizen gegen Schwarzafrikaner – in den meisten Kriegen verlaufen die Fronten zwischen Volksgruppen und Religionen. Doch die eigentlichen Ursachen liegen woanders.*«

Habe ich mich verrannt? Bin ich unwissenschaftlich an die Frage herangegangen? Oder liegen wir gar nicht so weit auseinander, wie es scheint? G. Schlee gibt deutliche Antworten. Frage: »Die meisten Konflikte und Kriege haben offenbar einen ethnischen oder religiösen Hintergrund. Was lässt sich dazu sagen?«

G. Sch.: »*Sie haben häufig eine ethnische und religiöse Ausdrucksform. Aber die eigentlichen Konflikt- und Kriegsursachen haben damit wenig zu tun.*«

Frage: »Was sind die eigentlichen Konfliktursachen?«

G. Sch.: »*Das kann der Zugang zu materiellen Ressourcen sein, etwa Öl, Wasser, Weideland, Diamanten. Es können auch Chancen auf dem Arbeitsmarkt sein.*«

Frage: »Warum verlaufen die Fronten so häufig zwischen verschiedenen Religionen und Ethnien?«

G. Sch.: »*Diejenigen, die die strategischen Entscheidungen fällen, müssen sich überlegen, wie sie die eigene Gruppe oder Allianz stark genug machen, um die umkämpften*

Ressourcen für sich zu gewinnen, aber nicht so stark, dass *nach einem Sieg mit zu vielen geteilt werden muss. Man* *sucht Bündnispartner unter Menschen, mit denen man* *Gemeinsamkeiten hat. Wir kennen Identifikation über* *die Staats-, Volks-, Kultur- und Religionszugehörigkeit.«* Das ist alles richtig, logisch und ... evident, es wird auch von kaum jemandem bestritten (glaube ich). Aber was ist mit den ausländischen Muslimen etwa von den Philippinen, die im Bosnienkrieg auf Seiten der bosnischen Muslime kämpften? *»Es war der Bei-* *stand für den muslimischen Bruder«,* sagt G. Schlee. Irre ich mich, wenn ich sage, dass das doch etwas mit Religion zu tun hat? Natürlich nicht, aber für G. Schlee ist die Religion (wie die Ethnie) immer nur Vehikel, nicht Auslöser. Da bin ich anderer Meinung, mindestens neige ich zu einer differenzierteren Betrachtung. Trotzdem stimme ich Schlee in einer Aussage zu: Es geht nicht eigentlich um Religion, sondern um Macht!

Keine Frage, darum ging es seit Beginn der kulturellen Evolution, der Städte- und Staatenbildung vor rund achttausend Jahren. Immer gingen Religion und Kult und Macht Hand in Hand.

An diesem Sonntag fahren wir spontan in die Ausstellung »Uruk – 5000 Jahre Megacity« in das Landesmuseum in Herne. Sie ist beeindruckend. Eine Großstadt mit 50.000 Einwohnern, mit »moderner« Infrastruktur, großartiger Architektur und großen kulturellen Manifestationen, dreitausend Jahre vor unserer Zeitrechnung im Zweistromland erbaut, erscheint vor unseren Augen. Hier entsteht der erste Schöpfungsmythos der Menschheit, das Gilgamesch-Epos, Vorlage für andere Schöpfungsmythen und ein Stück Weltliteratur. In den Texten und im Lebensalltag der Uruker geht es immer um Götter und Göttervorstellungen, um Tempel, Gottkönige und Priesterkasten und um Rituale des Götter- bzw. Götzendienstes. Unzählig sind die figürlich dargestellten Götterabbildungen oder Idole. Die Angst ist ständiger Begleiter der Menschen vor Tod, Bedrohungen und Katastrophen, denen man hilflos, erkenntnis- und erklärungslos ausgeliefert war. Es bleibt als Eindruck: Alles von der damaligen Herrschaftsschicht Geschaffene ist Ausdruck und Manifestation von Macht, aber auch Urangst. Hier entwickelt sich Religion. Insoweit ist sie natürlich sowohl ein Vehikel im Machtpoker als auch ein eigenes Machtgebilde, ein eigener Machtkomplex.

Zurück zur Jetztzeit und zur Frage der Wirkmächtigkeit von Religion heute. Beispiel USA! So fasst es G. Schlee zusammen und ich stimme ihm darin völlig zu: »*Wir haben in einigen westlichen Gesellschaften eine Rigidisierung von Formen der Moral und der Verkirchlichung der Politik, die mit Sachverstand nichts mehr zu tun haben.*«

Die Evangelikalen mit ihren mannigfaltigen Ablegern und Kirchen leben und predigen eine rigide Religiosität, die Tea-Party ist der politische Arm dieser Religiösen und Expräsident G. W. Bush ist der lebende Beweis für diese irrationale Sicht auf die Welt, die er nur simpel zweigeteilt sieht (sehen kann): Hier die Guten, wir, und dort die Bösen, also Kommunisten, Islamisten und Atheisten und was sonst so nicht in sein religiöses Weltbild passt. Diese Polarisierungen sind ein Phänomen, das sich in den letzten Jahren immer mehr verstärkt. G. Schlee hat dazu eine eigene Theorie, die er als »Purifizierung« beschreibt. Sie besagt, »*dass religiös fundamentalistische Eliten den Standard moralischer Anforderungen so weit hochschrauben, dass ihn nicht mehr alle erfüllen können. Es kommt dann zur Aufspaltung zwischen säkular aufgeklärten Religionsanhängern und deren fundamentalistischen Speerspitzen. Das führt dann zu Ausgrenzungen und Anfeindungen bis hin zu gewalttätigen Auseinandersetzungen und Bürgerkriegen.*«

Aktuelle Beispiele sind unter anderem der Irak, Afghanistan und Syrien. Das »Purifikationsprinzip« galt zu allen Zeiten von der Antike bis heute.

Mein Fazit aus diesen Betrachtungen ist: Religion ist mehr als ein Vehikel oder ein Mittel zum Zweck, sie ist der Grund für tiefe Spalten und Risse zwischen Menschen und Gesellschaften und Auslöser und Beschleuniger von Konflikten, bei denen die Machtverhältnisse der Zukunft geklärt werden. Auch wenn die

Gesellschaften säkular und aufgeklärt leben, selbst wenn Religion kein Lebensplanungselement mehr ist, ziehen religiös fundamentalistisch angedockte »Eliten« immer wieder die religiöse Karte, einige wenige atheistische Länder wie China ausgenommen, womit ich aber die Verhältnisse dort nicht beschönigen will. In den gegenwärtigen beängstigend vielen Konflikten, Kriegen und Bürgerkriegen wird die Religionskarte zu oft gezogen mit verheerender Wirkung, stehen religiös definierte Interessengruppen gegeneinander, verschärft durch ethnische Gegensätze, was eine absolut desaströse Gemengelage ist. Einen Ausweg oder einen Hoffnungsschimmer sehe ich nicht. Es gibt nur Appelle und Resolutionen, wirkungslos. Nur die Optimisten und Profiteure der gegenwärtigen Weltwirtschaftsordnung höre ich einstimmig rufen: Die Globalisierung wird alles zum Guten lenken und uns retten, und zwar durch Wachstum, Wachstum, Wachstum und das ungebremste Fließen der Waren- und Kapitalströme, allein über Angebot und Preis gesteuert. Die entsprechende Nachfrage erzeugen wir in den Wohlstandsländern künstlich durch Marketing. »Geiz ist geil«-Mentalität und ein totaler Konsumfetischismus sind Leitschnur für die Menschen überall. Dass es in diese Richtung läuft, ist unverkennbar, gegen die Macht des Geldes ist kein Kraut gewachsen. Aber die Verteilungsfrage, die Gerechtigkeitsfrage und die Armuts- und Verelendungsfrage des abgehängten Teils der Menschheit löst die Globalisierung nicht, nebenbei, auch nicht das ökologische Desaster, mögen es ihre Apologeten auch noch so sehr behaupten. Bricht in Bangladesch eine Textilfabrik zusammen und tötet hunderte Arbeiter und Arbeiterinnen, die dort zu Hungerlöhnen unsere Ramsch-Jeans und T-Shirts zusammenschneidern, so erzeugt das nur kurzzeitig mediale Erregung, genauso wie der Streik ihrer kambodschanischen Kolleginnen gegen die Hungerlöhne und elenden Arbeitsbedingungen. Zeigt das nachhaltige Wirkung und ändert es etwas? In der globalisierten Weltwirtschaft findet sich immer noch eine kostengünstigere Gelegenheit, Menschenrechte und Arbeitsschutzgesetze hin oder her. Die Konkurrenz der Armutsländer ist so groß, dass sie zu jeder Kondition annehmen müssen. Unser Gewissen belastet das nicht. G8-Gipfel, UN-Resolutionen, Weltwirtschaftsforen, Selbstverpflichtungen der Industrieländer und Petitionen der Armuts- und Schwellenländer ändern daran nichts.

Die Globalisierung erzeugt Verlierer, weil Geld- und Kapitalströme in Bruchteilen von Sekunden um den Globus fließen und nur den Eigentümern zu riesigen Gewinnen verhelfen. Bei uns fließt wenigstens über Steuern von diesen Gewinnen und dem Mehrwert ein Teil an die Gesellschaft zurück. Ein solcher Rückfluss ist bei schlechter Staatsführung und ohnehin geringster Produktivität nicht gewährleistet oder korrupte »Eliten« schöpfen ab. Der Teufelskreis der Globalisierung schließt sich. Alle anderen prekären Faktoren reihen sich an: Verschuldung, Bildungsrückstände und Analphabetentum, Hunger, Kindersterblichkeit, Krankheiten wie Aids, Tuberkulose und andere, ein trotz der Perspektivlosigkeit exorbitant großes Bevölkerungswachstum und bewaffnete Konflikte mit tausenden Opfern oder Emigration, Flucht und Vertreibung. Weil das einhergeht mit ethnischer Ausgrenzung (Säuberung) und religiösem Fundamentalismus, ist die Menschheit existenziell bedroht, auch wir. Immer mehr vom Zerfall bedrohte Staaten, »failed states« sind das Ergebnis dieser Prozesse.

Auch Uruk war vor fünftausend Jahren Zentrum einer »globalisierten« Welt. Sie betrieb Eroberung, Kolonialisierung und Handel in der damaligen Welt, die vielleicht einen Radius von eintausend Kilometern hatte und statt in Bytes und Nanosekunden in Tages- oder Wochenreisen mit Pferd, Kamel und Schiff rechnete. Eine solche Hochkultur hat sich mehrere Jahrtausende halten können, bis sie von der nächstmächtigeren abgelöst wurde. Eine solche Abfolge ist für unsere globalisierte Welt undenkbar geworden. Unser Zeitmaß ist von zweitausend auf zwanzig Jahre geschrumpft. Es ist höchste Zeit!

Am 9. Januar halte ich meine Wochenzeitung ›Die Zeit‹ in Händen. Ausführlich befasst sie sich mit den Konflikten und Gemetzeln in verschiedenen Ländern, vor allem Afrikas. Viele Belege für die These Schlees lassen sich finden, dass in diesen Gräueln die Religion nur das Vehikel ist, es im Kern aber um die Macht einer Ethnie oder einer Stammesgruppe geht und natürlich immer auch um die Verfügung über die Ressourcen. Warum sticht die Karte »Mit meinem Gott gegen deinen Gott« aber immer wieder mit solch ungeheurer Wirkung? Weil religiöse Menschen irrational denken und handeln und »Gott an meiner Seite« ein unschlagbares Argument ist. Wer für seinen Gott kämpft, egal für welche Dinge sonst noch, darf hemmungslos sein, da gibt es kein Erbarmen. Ich halte daher das Bild des Vehikels oder Brandbeschleunigers zwar für richtig, will aber das Vehikel durchaus als Selbstfahrlafette sehen, also nicht nur als Mittel zum Zweck der Machteroberung, sondern als Brandherd und Ursache selber. Es ist müßig zu streiten, ob mehr die eine oder andere Zuschreibung richtig(er) ist, in der Auswirkung auf die betroffenen Menschen bleibt es sich gleich. Es wäre eine weitere Katastrophe der Menschheit, wenn wir von Afrika als von einem »failed continent« sprechen müssten. So weit darf es nicht kommen.

Eine Woche später, das Wort »Menetekel« geht mir nicht aus dem Sinn. Warum wohl? Uruk! »*Mene Tekel Upharsin*«, das war doch in einer Saga des Alten Testaments die Flammenschriftprophezeiung an den wüsten König Belsazar in Babylon und wurde uns als kryptische Deutung mit auf den Weg gegeben: gezählt, gewogen, zerteilt. Am nächsten Tag war Belsazar tot, so steht es im Buch Daniel, na ja.

Ich bin ein entschiedener Gegner von Wahrsagerei und Quacksalberei, wie ich an anderer Stelle geschrieben habe. Ich will meine Überlegungen, so wenig optimistisch sie auch klingen mögen, nicht mit solchen düsteren mythologischen Texten verwechselt sehen. Wir können und müssen heute sehr rational die Tatsachen zur Kenntnis nehmen, auch wenn sie bedrohlich erscheinen und es auch sind. Während ich diesen letzten Satz eintippe, ist die Weltbevölkerung um 10 Menschen gewachsen, pro Sekunde sind es 2,5 Menschen. In diesem Moment steht die Gesamtzahl bei 7.195.580.260 (am 12. Januar 2014 um 11 Uhr). Nur zehn bis zwanzig Prozent der gebärfähigen Frauen in den Entwicklungsländern wenden Verhütungsmethoden an, die Religiösen segnen es! Es übersteigt unsere Vorstellung, wie es etwa im Jahr 2050 auf der Erde aussehen wird. Auch ohne Quacksalberei darf man sagen, dass es dramatisch wird. Der oben zitierte Wissenschaftler Gerd Schlee hat einen Vorschlag, wie die Entwicklung sein müsste, wenn es nicht katastrophal ausgehen soll. Ich habe es schon einmal ähnlich formuliert. Daher will ich beides zitieren.

G. Schlee: »*Man sollte der Ethnisierung und der religiösen Polarisierung keinen Vorschub leisten und ethnische Stereotypisierungen und Grenzziehungen immer hin-*

terfragen. Man sollte eine allgemeingültige Staatsbürgerschaft und die Idee der Gleichheit nicht aufgeben zu Gunsten von Gruppenrechten. Denn wenn Aufteilungen festgeschrieben werden, fördert man die Fragmentierung der Welt in ethnisch und religiös definierte Interessengruppen. Und man sollte an der Idee des Kosmopolitismus oder des universalen Staatsbürgertums festhalten.«

Mein Petitum in einem Essay im Jahre 2007 lautete:

»Erst wenn sich alle Staaten dieser Erde in einer Charta zur völligen religiösen Toleranz und Neutralität verpflichten und das auch gegen Fundamentalisten aller Religionen und der aus ihnen hervorgegangenen Sekten durchsetzen (können), könnte so etwas wie eine Weltgesellschaft entstehen, die sich wirklich den existenziellen Problemen von 7 Milliarden Menschen zuwenden kann: Der Übervölkerung und Ausbeutung der letzten Ressourcen, den irreparablen Schäden an der Umwelt, dem Hunger und Mangel an Trinkwasser, den Kriegen und Bürgerkriegen sowie dem immer noch drohenden atomaren Overkill.«

Eine kurze Ergänzung drängt sich auf:

Im Feuilletonteil der ›Zeit‹ vom 23. Januar 2014 interviewt Astrid Prange auf der Seite »Glauben und Zweifeln« den Kardinal Oskar Rodriguez Maradiaga, Erzbischof von Tegucigalpa und Leiter der Reformkommission beim Vatikan, auch zur Frage von Religion und Gewalt aus Anlass der blutigen Auseinandersetzungen zwischen Muslimen und Christen

117

in Zentralafrika. Ich gebe das wörtlich wieder, weil hier die Kluft zwischen Erkennen und Handeln gut erkennbar wird.

Die Zeit: Herr Kardinal, in Nigeria kämpfen Islamisten gegen Christen, in Syrien und in der Zentralafrikanischen Republik schlachten sich die Angehörigen beider Religionsgemeinschaften gegenseitig ab. Droht der Welt ein neuer Krieg der Religionen?

Kardinal Maradiaga: *Religionskriege waren immer die grausamsten in der Menschheitsgeschichte. Wir müssen auf jeden Fall weitere Eskalationen verhindern. Schluss mit dem Krieg! Religion darf kein Vorwand sein, um die Schöpfung Gottes zu zerstören. Stattdessen sollten Gläubige sich auf internationaler Ebene um gegenseitigen Respekt bemühen.*

Die Zeit: 1.600 Soldaten sind in der Zentralafrikanischen Republik im Einsatz. Sollten die Vereinten Nationen eine Friedensmission schicken?

Kardinal Maradiaga: *Ja. Eine Intervention tut not, so schnell wie möglich.*

Neben dem Eingeständnis, dass Krieg und Religion sehr wohl eine enge Beziehung haben, formuliert hier der Würdenträger nur allgemeine Appelle, und die auch noch im Konjunktiv, sehr wenig konkret und von Selbstzweifeln angekränkelt, dass die Religiösen den oder besser die Konflikte selbst lösen können. Gut, dass es da noch die UNO gibt. Das klingt nicht nach einer besseren Zukunft. Was er aber empfiehlt, sind, wer hätte das vermutet, Gebete und Friedensandachten. Die haben das Abschlachten im christlichen Abendland und weltweit bestimmt verhindert. Da bleibt nur ein bitterer Zynismus.

Der Krieg

»Der Krieg ist aller Dinge Vater, aller Dinge König.«
Heraklit, griechischer Philosoph, ca. 520 v. Chr. ge-
flügeltes Wort von Intellektuellen und solchen, die
sich dafür halten

Vom Kriege
Carl v. Clausewitz (1780 – 1831)
Bibel aller Kriegsstrategen der Neuzeit

Krieg und Frieden
Roman von Leo Tolstoi, 1869 erschienen,
Weltliteratur, aber keine Kriegsverherrlichung

Seit der Sesshaftwerdung und dem Beginn der kulturellen Evolution etwa vor 10.000 Jahren haben Menschen Kriege geführt. Es sind Abertausende. Immer
war und ist irgendwo Krieg. Frieden ist die fragile
Zeit zwischen den Kriegen. Das ist die bittere Wahrheit bis heute.

Zum ewigen Frieden
So nennt Immanuel Kant seinen Traktat, der mehr
die Hoffnung des großen Philosophen und Aufklä-
rers ausdrückt, als dass er die realen Verhältnisse wi-

derspiegelt. Er soll am Schluss dieser Betrachtungen zitiert werden.

Es ist Krieg in Syrien, Bürgerkrieg, Religionskrieg, Stellvertreterkrieg, Armutskrieg, Krieg der hoffnungslosen Jungen gegen das Alte, das Perspektiv- und Hoffnungslose.

Millionen sind auf der Flucht, hunderttausend oder mehr sind tot, unzählige untereinander verfeindete Gruppen kämpfen gegen das Regime des Diktators Assad und gegeneinander und für Demokratie, Religionsfreiheit, die Scharia, Autonomie, Verfügung über Ressourcen, Sunna oder Schia und ihre jeweiligen Ableger, Gerechtigkeit, persönliche Vorteile und täglich andere vorgebliche Ziele. Und es gibt große Interessen und deren Protagonisten, der Westen und die USA auf der einen, Russen, Chinesen und regionale Mittelmächte auf der anderen Seite. Es ist ein Weltkonflikt, ein gefährlicher Brandherd, den die UNO mit nicht vorhandenen Mitteln zu löschen versucht.

Es ist hoffnungslos und unübersichtlich, Kriegspropaganda und Kriegsrhetorik tun ein Übriges. Und es gibt völlig neue Verwirrspiele(r) und Möglichkeiten in der digitalen Medienwelt: Twitter, Facebook und Co. und tausende sogenannter Blogs. Die medialen Verblödungsmaschinen spucken unentwegt ihre unverdauten »News« aus. So weit, so schlecht!

Aus einem umkämpften Vorort von Damaskus wird der Einsatz von Giftgas gemeldet. Zwei französische Kriegsreporter und unzählige Handy-Fotografen jagen die schrecklichen Bilder einer Schreckenstat um die Welt. Eine »Rote Linie« (Obama) ist (endlich?) überschritten. Die UNO schickt eine Untersuchungskommission, die den Einsatz feststellen soll, die US-Regierung weiß aber sofort, dass das Assad- Regime verantwortlich ist für den durch eine Völkerbund-Konvention, das Genfer Protokoll von 1925, geächteten Giftgaseinsatz. (1992 wurde auf der Genfer Abrüstungskonferenz die Chemiewaffenkonvention neu ausgehandelt. Sie trat 1997 in Kraft. Nur sieben Staaten haben nicht unterzeichnet, darunter Syrien und Nordkorea.)

An diesen Chemie- und Biowaffen-Konventionen lässt sich das Verhalten der Hauptakteure der Völkergemeinschaft beispielhaft aufzeigen. Das sind die beiden klassischen Weltmächte Russland und USA und die neue Weltmacht China und die »alten« Möchtegern-Mächte des Westens, England und Frankreich. Deutschland steht an der Außenlinie. Nachdem sich diese letzten drei auf den Schlachtfeldern des Ersten Weltkrieges bis aufs Äußerste bekriegt und mit Giftgas gegenseitig umgebracht hatten, waren sie bereit, 1925 die Konvention gegen den Giftwaffeneinsatz im Krieg zu unterzeichnen. Es war der verzweifelte Versuch, die Bestie Homo sapiens zu bändigen, zu zivilisieren oder zu zähmen. Das wollten und wollen alle »Kriegsordnungen«, z. B. die Haager Landkriegsordnung, die Genfer Konvention vom Roten Kreuz und andere darauf basierende internationale Vereinbarungen. Auch im Krieg sollten Reste von Anstand, Zivilität und Humanität gelten. Wie wir wissen oder ahnen, war das Ergebnis wenig überzeugend. Ich nenne einige der verbotenen Kriegsgräuel: Plünderungen, Vergewaltigungen, Geiselerschießungen, Gefangenentötungen, Folter, Einsatz von Massenvernichtungswaffen (tatsächlich ist ein B-Waffen-Einsatz bisher unterblieben) und anderes mehr. Die (fast) völlige Wirkungslosigkeit von Regeln im Krieg ist evident, die Vorstellung von einem Krieg nach Regeln ist, pardon, naiv.

Zwar wurden in den Großkriegen des vorigen Jahrhunderts Rotes Kreuz und Roter Halbmond weitgehend respektiert, auch die Behandlung von gefangenen Soldaten geschah weitgehend »regelgerecht«, Nazi-Deutschland und Stalin-Russland ausgenommen, aber die Kriege der Jetztzeit sind andere: Bürgerkriege, Religionskriege, Stammeskriege, Armutskriege, Bandenkriege, also, auf Neusprech, asymmetrische Kriege. Hier gelten andere Gesetze oder Spielregeln oder eben keine, sondern hier gilt das biblische Aug' um Auge, Zahn um Zahn, gnadenlos und brutalstmöglich. Nur die Toten der anderen Seite zählen als Erfolg.

Die UNO könnte mit der Autorität der Staatengemeinschaft eingreifen, meist nur verbal mit einer Resolution und mit Sanktionsdrohungen oder durch einen Beschluss des Sicherheitsrates ein militärisches Eingreifen herbeiführen, was bei Stellvertreterkriegen aber nicht gelingt, da sich die Großmächte gegenseitig blockieren. Dann bleibt nur der mühselige Versuch, die Kriegsparteien an einen Verhandlungstisch zu bekommen und zumindest die Kriegshandlungen zu beenden. Fazit: Eine Weltfriedensordnung oder eine Kriegsverhinderungsordnung oder eine Kriegsbeendigungsordnung gibt es nicht.

Was aber wäre zu tun angesichts eines solchen Befundes? Wenig genug, aber m. E. wäre der erste Schritt ein Zurückfahren der medialen Präsenz und der medialen Desinformation und Agitation durch eine Selbstzensur der Medien, aber notfalls auch durch Abschalten des Internets oder bestimmter Kriegsberichterstattung in den Netzwerken und Blogs, die nur der Sensationslust und nicht der Information dient. Das klingt nach Zensur und ist unerwünscht in der libertären Medienwelt. Aber wir müssen wissen, was wir wollen und was nicht.

Ich bin sehr wütend. Nach 42 Jahren hatte ich vor einem Jahr mein ›Zeit‹-Abo gekündigt, u. a. auch, weil mir einige neue thematische Schwerpunktsetzungen nicht mehr gefielen, z. B. ein neuer Teil unter der Überschrift »Glauben und Zweifeln«. Seit vierzehn

Tagen bin ich aber wieder ›Zeit‹-Abonnent und schon wieder tief enttäuscht. Was ist geschehen? Als die ersten Bilder vom Giftgaseinsatz im Netz erschienen waren, konnte man die Reaktion der ziemlich gleich tickenden Medien bei Google News verfolgen. Über fünfzig bundesrepublikanische Printmedien jeglicher Qualität texteten gleichlautend: Militärschlag der Amerikaner gegen das Assad-Regime steht unmittelbar bevor. Genauso sah es in allen anderen Ländern aus. Leider beteiligte sich auch ›Die Zeit‹ in ihrer Internetausgabe an diesem unsäglichen Mediengequatsche ohne Substanz. Als ich dann am Donnerstag meine papierne ›Zeit‹ in Händen hielt (Nr. 36 vom 29. August 2013), war ich nur noch, ich sagte es, wütend und konsterniert. Ein großes Kriegsgeschreibe ist zu lesen in dieser liberalen, aufgeklärten Qualitätswochenzeitung. Aufmacher: *Wer sind die Guten, wer die Bösen? Der Bürgerkrieg in Syrien: Je länger er dauert, desto mehr verschwimmen die Unterschiede. Es lässt sich aber sagen, wer Täter und wer Opfer sind. Wer Giftgas einsetzt. Was ein Militärschlag bewirken könnte. Und was nicht.*

Zu diesem Zeitpunkt ist nichts klar. Die UNO hat eine Inspektionsgruppe entsendet, die Beweise für den Giftgaseinsatz sammeln soll, der amerikanische Geheimdienst sagt, er habe Beweise gegen Assad, die von diesem, aber auch von Russland und von einigen Experten bestritten werden. Drei Autoren der ›Zeit‹

überschlagen sich in ihren Beiträgen vor Kriegs- und Bestrafungsrethorik. Sie sind unhistorisch und naiv, lächerlich, bombastisch und anmaßend.

Der Einsatz chemischer Waffen ist ein Verbrechen gegen die Menschlichkeit. Es darf nicht ungestraft bleiben. (Matthias Nass)

Furchtbar! In allen Kriegen der Menschheit (Nachzählen bei Wikipedia lohnt sich) gab und gibt es Verbrechen gegen die Menschlichkeit. Wer war Richter und wer hat bestraft? Unstreitig waren die Flächenbombardements auf Städte während des Zweiten Weltkrieges ein Verbrechen gegen die Menschlichkeit. Wurde wer bestraft? Hätten die Alliierten die Bombardements mit der Massenvernichtung von sechs Millionen europäischen Juden mit dem Giftgas Zyklon B gerechtfertigt, hätten sie es als reine Straf- und Vergeltungsaktion ausgeben können, aber es war »nur« eine Militärstrategie gegen einen starken und zu allem entschlossenen Tyrannen, um seinen Widerstand zu brechen, was aber nicht gelang. Wurden die USA bestraft für den großflächigen Einsatz des chemischen Entlaubungsgiftes Agent Orange während des Vietnamkrieges, der hunderttausende Verletzte und Tote hinterlassen hat, oder für die Abwürfe von Napalmbomben auf vietnamesische Dörfer? Hat man Bestrafung gefordert für die beiden Atombombenabwürfe auf Hiroshima und Nagasaki mit weit über 200.000 Toten und noch viel mehr verstrahlten und missgebildeten Opfern? Ist das deutsche Kaiserreich für den Mord an 40.000 Hereros (»Hottentotten«) bestraft worden? Und, und, und …?

Ein geschichtlicher Exkurs soll an dieser Stelle unsere schizophrene Haltung zum Krieg und zum Töten und Morden im Krieg verdeutlichen.

Eines der größten Massaker der Neuzeit geschah während des Dreißigjährigen Krieges in Magdeburg. Am 20. Mai 1631 ließen die kaiserlichen Feldherren Tilly und Pappenheim Magdeburg von ihren Söldnern zerstören und die gesamte Bevölkerung abschlachten. Was dabei geschah, ist unter dem Begriff »Magdeburger Hochzeit« in die Geschichte eingegangen, »magdeburgisieren« war fürderhin das Synonym für morden, plündern und brandschatzen. 20.000 Menschen (Zivilisten) fanden den Tod. Papst Urban VIII. schrieb dazu begeistert: »Ich gebe meiner Freude über die Vernichtung des Ketzernestes Ausdruck.«

Die schon angesprochenen Schlächtereien des Ersten Weltkrieges hinterließen 17 Millionen Tote, 100.000 bis 200.000 Soldaten starben durch den Einsatz von Giftgas, übrigens erstmals von deutschen Truppen in Polen eingesetzt und dann in großem Stil von Deutschen, Franzosen und Briten. Erstaunlicherweise führte das 1925 zur Chemiewaffenkonvention des Völkerbundes mit dem Verbot des Einsatzes dieser Waffen. Merke: Töten im Krieg, selbstverständlich, aber bitte human, und Gift ist inhuman und daher als Tötungsmittel zu verbieten. Bis 1961 hielten sich fast alle an dieses Verbot, mit einigen Ausnahmen: Japan in China und Italien in Äthiopien, bis 1961 US-Präsident J. F. Kennedy den Einsatz von chemischen Kampfstoffen im Vietnamkrieg freigab. Daraufhin entwickelten die Amerikaner eine Reihe neuer chemischer Kampfstoffe mit dem Wirkstoff TCDD (Tetrachlordibenzodioxin), bekannt geworden unter der beschönigenden Bezeichnung Agent Orange. Achtzig Millionen Liter versprühten amerikanische Streitkräfte zwischen 1965 und 1971 über Vietnam, um die Wälder zu entlauben und die Soldaten Ho Chi Mins besser am Boden bekämpfen zu können. Der Einsatz dieser Kampfstoffe forderte hunderttausende vergiftete, verkrüppelte und schwerst erkrankte Menschen sowie unzählige missgebildete Neugeborene und er zerstörte das gesamte Ökosystem nachhaltig bis heute. Unbeabsichtigter Kollateralschaden waren auch die schweren Erkrankungen bei 200.000 amerikanischen GIs. Diese wurden später entschädigt, eine Sammelklage vietnamesischer Zivilisten wies ein amerikanischer Richter mit der Begründung ab, Agent Orange stelle »keine chemische Kriegsführung« dar. In der Tat, diese Kampfstoffe konnten 1925 noch nicht aufgeführt werden, es gab sie noch nicht. Dass das eine Farce ist, brauche ich nicht zu betonen. TCDD schädigt bis heute in den betroffenen Gebieten Föten im Mutterleib, so dass sie mit Fehlbildungen zur Welt kommen. Das ist Geschichte, den moralischen Aufschrei der Amerikaner und vieler »Freunde« gegenüber den Vorgängen in Syrien halte ich für mindestens geschichtsvergessen. Auch der erstmalige Einsatz des größten Massenvernichtungsmittels, über das die Menschheit je verfügte und noch reichlich verfügt, bei den Atombombenabwürfen der USA auf die Städte Hiroshima und Nagasaki, löst bei den meisten Menschen heute keinen Bestrafungsreflex aus. Am 6. und 9. August 1945 fielen die beiden Bomben, machten beide Städte dem Erdboden gleich, töteten 92.000 Menschen sofort und 130.000 weitere bis Ende 1945. Viele starben danach noch an den Spätfolgen der radioaktiven Verstrahlung. So weit der Exkurs.

Ich will an dieser Stelle nicht darüber streiten, ob gegen brutale Diktaturen, wie es Nazi-Deutschland und das militaristische und imperialistische Japan waren, ein Krieg geführt werden musste. Er musste es, ja sicher! Aber es waren immer strategische Überlegungen, die zu den eingesetzten Mitteln führten, Kriegsvölkerrecht hin oder her, der Krieg schreibt seine eigene Agenda.

Zurück zum Ausgangspunkt. Was machen meine großen ›Zeit‹-Strategen weiter? Sie sind schon beim Krieg-Spielen, z. B. Jochen Bittner.

Dreimal Krieg, *Obama wird auf den Giftgasanschlag militärisch reagieren. Welche Möglichkeiten hat er?*

Und Bittner hat auch schon die passende Strategie für diesen Schlag. Welch ein Westentaschenstratege!

Last but not least – Jan Ross weiß mehr:

Einer trägt die Schuld. Auch die Rebellen haben Kriegsverbrechen begangen. Doch das stellt sie nicht auf eine Stufe mit dem Despoten Assad. Er hat den Krieg von Anfang an mit grausamsten Mitteln eskaliert.

Ein weiterer Artikel gliedert die Kriegsparteien auf:

Gute, Schlimme, Böse

Zu dem Zeitpunkt, wo ich dies schreibe, ist nichts klar. Gab es einen Giftgaseinsatz? Wahrscheinlich ja. Steckt Assad dahinter? Kann, aber muss nicht sein. UNO-Inspektoren werden eingelassen und untersuchen vor Ort. Währenddessen steigert der US-Präsident seine Kriegsrhetorik, Kriegsschiffe werden beordert, Einsatzpläne befohlen, während alle, die sich auskennen in der Region und in diesem Bürgerkrieg, sich entsetzt fragen: Was sind die Ziele und was kommt danach?

Somalia, Irak, Afghanistan, Libyen und viele andere Krisen- oder Bürgerkriegsländer, in denen interveniert wurde, sollten bittere Lehren sein, dass man nicht Krieg führen, sondern befrieden muss, es sei denn, man ist bereit, vierzig Jahre als Besatzungsmacht im »besiegten« Land zu bleiben und, ähnlich wie beim Marshall-Plan im besiegten Deutschland, das Land von Grund auf neu aufzubauen einschließlich einer neuen Staatsverfassung. Wer will und kann das? In den genannten Ländern gibt es eine Gemengelage der verschiedensten Konfliktbereiche und Kriegsparteien. Die islamische Welt ist, mit Ausnahme der Ölstaaten, ökonomisch abgehängt und sie hat bisher keine Aufklärung und Säkularisierung erlebt. Wo soll da der christlich-abendländische und säkulare Westen etwas ausrichten können. Ein paar Cruise Missiles werden die Lage dort nicht verändern und schon gar nicht verbessern.

Ich überlege, das ›Zeit‹-Abo wieder aufzukündigen, und das ist dem letzten Satz des Zeit-Herausgebers Josef Joffe in seinem Beitrag zum gleichen Thema geschuldet. Sein Schlussplädoyer lautet: *Die Schutzverantwortung fordert eine dauernde Militärpräsenz (die der Westen in Afghanistan und im Irak nicht durchgehalten hat). So weit wollen wir nicht denken im gerechten Zorn!* ***Dann »Feuer frei« für die Tomahawk Flugkörper.***

Im Lande der unbegrenzten Meinungs- und Pressefreiheit darf ein Journalist, auch einer aus der ersten Reihe, alles schreiben. Ich muss es nicht gut finden, sondern zitiere, wie angekündigt, Immanuel Kant. Es ist das Gegenteil von Kriegsrhetorik und drückt damit eine, vielleicht unerfüllbare, Hoffnung auf Frieden aus.

»Denn wenn das Glück es fügt: daß ein mächtiges und

aufgeklärtes Volk sich zu einer Republik (die ihrer Natur nach zum ewigen Frieden geneigt sein muß) bilden kann, so gibt diese einen Mittelpunkt der föderativen Vereinigung für andere Staaten ab, um sich an sie anzuschließen und so den Freiheitszustand der Staaten gemäß der Idee des Völkerrechts zu sichern und sich durch mehrere Verbindungen dieser Art nach und nach immer weiter auszubreiten.«

Fortschreibung vom 18. September 2013

Ändern die Verhältnisse die Einsichten? Jeder möge die Antwort selbst geben. Zwei Wochen später erscheint in der ›Zeit‹ vom 12. September 2013 im Feuilleton ein neuer Artikel des Herausgebers Josef Joffe, allerdings mit entgegengesetztem Tenor.

Auch ein Menschenrechtskrieg ist ein Krieg.

Die Lage in Syrien wirft uralte Fragen auf: Darf man im Namen der Humanität töten? Kann Gewalt Gewalt beenden?

Einige Zitate daraus zeigen einen völlig gewandelten, einsichtigen und intellektuellen Journalisten.

Jetzt wird aus dem »maßgeschneiderten« Krieg ein massiver auf einer nach oben offenen Zeitskala. So lange, bis das Regime fällt oder nicht mehr morden kann. Dann aber begönne der nächste Krieg, und zwar ebenfalls im Namen der humanitären Pflicht. Der Krieg im 20. Jahrhundert ist der Bürger- und Glaubenskrieg: Ethnie gegen Ethnie, Religion gegen Religion, Stamm gegen Stamm. In solchen

132

Kriegen geht es nicht um den rationalen Kompromiss, sondern um die Macht – die ganze. Wer gewinnt, geht auf die Verlierer los – oder auf die Rivalen in der eigenen Koalition, die im Moment des Sieges zerfällt. Wer glaubt, dass ein ›bisschen‹ Krieg die Bösen zur Räson bringt, verkennt das Wesen des Neuen Krieges. Bürgerkriege enden nicht am Verhandlungstisch, sondern auf dem Schlachtfeld. Winner takes all.

Trotz dieser sehr düsteren Analyse, der ich weitgehend zustimme, gibt es nur die extern moderierte Verhandlungslösung auch in diesem Konflikt. Sie mag schlecht genug sein, auch vielleicht nicht von langer Dauer, und erfordert einen langen Blauhelmeinsatz und Kooperation zwischen den großen Mächten. Frieden ist nicht in Sicht bei solchen Konfliktlagen, allenfalls ein jederzeit gefährdeter Waffenstillstand.

In diesen vierzehn Tagen ist aber auch Sensationelles passiert. Der »Commander in Chief«, Präsident Obama, hat einsehen müssen, dass für einen Militärschlag die Grundlagen fehlen und er nichts im Hinblick auf Beendigung des Bürgerkrieges bewirken würde. Die Russen haben Zweiergespräche auf Ministerebene erreicht, Assad hat zugestanden, dass er seine Giftwaffen vernichten lassen will und dass er der Chemiewaffenkonvention beitreten will. Die UNO hat festgestellt, dass ein Einsatz mit dem Nervengift Sarin stattgefunden hat, es ist völlig unklar, wer verantwortlich ist, und die Genfer Syrienkonferenz mit allen

Kriegsparteien am Tisch soll wieder aktiviert werden. Auf Anfrage der Linken gibt die Bundesregierung zu, dass Chemikalien zur Herstellung des Giftgases Sarin in großem Umfang auch nach Syrien geliefert wurden. Es ist dasselbe wie mit anderen Kriegswaffen: Erst wird geliefert und dann reibt man sich die Augen, wenn damit »bestimmungsgemäß« umgegangen wird. Es ist scheinheilig, aber auch solche Exporte steigern das Bruttosozialprodukt und schaffen Arbeitsplätze. Das ist Marktmoral.

Wir werden sehen. Der Krieg wird mit äußerster Härte weitergeführt, mit den bekannten Folgen. Die Flüchtlingsströme nach Europa nehmen zu. Deutschland will fünftausend Flüchtlinge aufnehmen. Lächerlich! Uns geht es gut in Deutschland, unsere Landsleute möchten mit den Problemen nichts zu tun haben. Wenn das nur gut geht vor unserer Haustür! Nur gut, dass das Mittelmeer dazwischen liegt (meine bittere Ironie). Ein Thema im Bundestagswahlkampf jedenfalls scheint es nicht zu sein. Im Hinblick auf den Zustand dieser Welt ist das nicht sehr ermutigend.

Abb. 5: Stellungskrieg in der Mondlandschaft

Die Urkatastrophe
Schuld oder Verantwortung?

Schuld ist eine moralische Kategorie. Für die Geschehnisse im Juli 1914 und das, was dann geschah, diesen Begriff zu verwenden ist gänzlich unpassend, auch wenn Volkes Stimme, die Publizistik oder die politische Debatte es immer wieder tun. Verantwortung ist ein ethischer Imperativ, der sich aus Aufklärung und Humanismus ableiten lässt. Verantwortung ist zurechenbar. Auch kann keine Verantwortungslosigkeit eine andere rechtfertigen.

Anlass meiner Überlegungen ist ein heftiger Disput zu diesem Komplex mit einem konservativ-patriotischen Freund, der in seiner Bemerkung gipfelte: »Es tut mir richtig weh …« Der Grund für seinen Schmerz war, dass ich, seiner Meinung nach, das Deutsche Reich der Haupt-Kriegsschuld bezichtigte. Es ist ein heftiger Streit entbrannt in diesen Tagen. Vor genau hundert Jahren, am 28. Juni 1914, erschoss Gavrilos Princip, ein 18-jähriger Gymnasiast, in Sarajewo den österreichischen Thronfolger Franz Ferdinand und seine Frau Sophie. Der Attentäter gehörte einer nationalistischen serbischen Terrorgruppe an, die eine österreichische Vorherrschaft über den Balkan nicht hinnehmen wollte. Sie verstanden sich als Freiheitskämpfer. Ob aus objektiver Sicht von heute diese Selbstzuschreibung richtig oder mindestens erklärbar ist, soll hier weiter keine Rolle spielen, obwohl diese Tat dann die Welt veränderte.

Am 1. August 1914, also nur fünf Wochen später, erfolgte die Kriegserklärung des deutschen Kaiserreichs an Russland, Tage darauf stand Europa einschließlich Russlands und schließlich fast die Welt in Flammen. Gott stand selbstverständlich auf allen Seiten, wie man aus unzähligen Dokumenten herauslesen kann. So gibt Wilhelm II., das deutsche Staatsoberhaupt, seinem Volk den Kriegseintritt bekannt:

An das deutsche Volk
Seit der Reichsgründung ist es durch 43 Jahre Mein und Meiner Vorfahren heißes Bemühen gewesen, der Welt den

136

Frieden zu erhalten und im Frieden unsere kraftvolle Entwicklung zu fördern. Aber die Gegner neiden uns den Erfolg unserer Arbeit.

Alle offenkundige und heimliche Feindschaft von Ost und West, von jenseits der See haben wir bisher ertragen im Bewußtsein unserer Verantwortung und Kraft. Nun aber will man uns demütigen. Man verlangt, daß wir mit verschränkten Armen zusehen, wie unsere Feinde sich zu tückischem Überfall rüsten, man will nicht dulden, daß wir in entschlossener Treue zu unserem Bundesgenossen stehen, der um sein Ansehen als Großmacht kämpft und mit dessen Erniedrigung auch Unsere Macht und Ehre verloren ist.

So muß denn das Schwert entscheiden. Mitten im Frieden überfällt uns der Feind. Darum auf! zu den Waffen! Jedes Schwanken, jedes Zögern wäre Verrat am Vaterlande.

Um Sein oder Nichtsein unseres Reiches handelt es sich, das unsere Väter neu sich schufen.

Um Sein oder Nichtsein deutscher Macht und deutschen Wesens.

Wir werden uns wehren bis zum letzten Hauch von Mann und Roß. Und wir werden diesen Kampf bestehen auch gegen eine Welt von Feinden. Noch nie ward Deutschland überwunden, wenn es einig war.

Vorwärts mit Gott, der mit uns sein wird, wie er mit den Vätern war.

Berlin, den 6. August 1914 Wilhelm

Wer immer an dieser Rede mitgeschrieben hat, hiermit ist alles intoniert: Verlogenheit, Hybris, Blasphemie, Verantwortungslosigkeit und Geschichtsvergessenheit gehen Hand in Hand. Dass der Krieg, einmal in Gang gesetzt, dann seine eigene Agenda schreibt und zu dem unsäglichen Gemetzel mit neun Millionen toter Soldaten und mindestens acht Millionen weiterer Opfer wird, ist allen Kriegsparteien in gleicher Weise zuzuschreiben.

Die Verletzung der belgischen Neutralität durch das deutsche Kaiserreich bei dem Angriff auf Frankreich war aber auch schon nach damaligem Kriegsvölkerrecht verbrecherisch; und ein deutscher Nobelpreisträger entwickelte das Giftgas Sarin und propagierte es heftig als Kriegswaffe, was dann auch geschah und von den anderen Kriegsparteien nachgemacht wurde. Auch das darf unwidersprochen gesagt werden: Dieses deutsche Reich war trotz aller Modernitätserfolge eine Klassengesellschaft mit einer Überbetonung des Militärischen (»Der Mensch beginnt beim Leutnant«) und auch mit einem sorgfältig gepflegten Minderwertigkeitskomplex gegenüber der damaligen Weltmacht England (»Deutschland braucht auch einen Platz an der Sonne« und »Deutschland braucht auch eine Kriegshochseeflotte auf Augenhöhe«) und einer Arroganz gegenüber Frankreich – »die schlappen Welschen« – und, immer noch, jedes Jahr der

Sedanstag mit den üblichen Siegesfeiern zur Erinnerung an den Sieg über Frankreich 1870/71.

Es war eine gefährliche Mischung aus einem sorgfältig gepflegten Militarismus, einem überbordenden Hurra-Patriotismus gepaart mit einer chauvinistischen Attitüde und einem imperialen Streben nach deutscher Großmacht, die einen ständigen kriegerischen Juckreiz bei den Eliten in Militär, Politik und Wirtschaft, aber auch bei Intellektuellen und Künstlern, auslöste.

Zu diesem deutschen Desaster trägt aber nicht unerheblich sein Staatsoberhaupt Kaiser Wilhelm II. bei. Er ist eigentlich eine Operettenbesetzung, aber die Reichsverfassung gibt ihm eine unantastbare Stellung. Viele seiner unsäglichen Sprüche erspare ich mir, aber nicht die sogenannte »Hunnenrede«. Sie gibt den Geist dieses wilhelminischen Reiches m. E. am besten wieder.

Am 27. Juli 1900 verabschiedet der Kaiser in Bremerhaven ein Expeditionscorps mit zweitausend Soldaten zur Bekämpfung des sog. Boxeraufstandes nach China. Die Boxer waren eine Bewegung chinesischer Aufständischer gegen die europäischen Kolonialmächte. Mit scharfer, weit reichender Stimme hörte man die Sätze:

»Kommt ihr vor den Feind, so wird er geschlagen. Pardon wird nicht gegeben, Gefangene werden nicht gemacht! Wie vor tausend Jahren die Hunnen unter König Et-

zel sich einen Namen gemacht haben, der sie noch jetzt in Überlieferung und Märchen gewaltig erscheinen lässt, so möge der Name Deutscher in China auf tausend Jahre durch euch in einer Weise bestätigt werden, daß niemals wieder ein Chinese es wagt, einen Deutschen auch nur scheel anzusehen.«

Nach Staatssekretär Bernhard von Bülow ist dies die »schlimmste Rede jener Zeit und vielleicht die schädlichste, die Wilhelm II. je gehalten«.

Zu diesem Kaiser habe ich mich vor Jahren öffentlich geäußert. Anlass war der Film von Peter Schamoni aus dem Jahre 2001 mit dem Titel »Majestät brauchen Sonne«.

Es sind dokumentarische Filmaufnahmen aus der Zeit vor 1914.

<u>*Majestät brauchen Sonne*</u>
Leserbrief zum Film und der anschließenden
»Diskussion« mit dem Regisseur Peter Schamoni.

So sehr hat sich Peter Schamoni während seiner mehrjährigen Arbeit am Film seinem Sujet und Subjekt Wilhelm II. genähert, dass ihm jede kritische Distanz abhandengekommen zu sein scheint. Statt kritischer Diskutanten brauchte er daher auch nur Stichwortgeber und Steigbügelhalter, um ihm Gelegenheit für seine Sicht der Dinge oder auf das kaiserliche Unikat zu geben. Sein Ausfall, fast schon eine Publikumsbeschimpfung, richtet sich gegen

140

den Autor selbst. Nach dem kranken Bayern Ludwig, der
sein Land in den Ruin wirtschaftet, nun noch ein Spät-
romantiker auf dem deutschen Kaiserthron, offensichtlich
nichts ahnend oder völlig naiv den politischen Entwick-
lungen gegenüber, sich selbst ständig inszenierend, von
Hofschranzen umgeben, sich die Zeit auf seinen Kreuz-
fahrten auf seiner Yacht vertreibend, sich ergötzend an
Männern, die sich auf sein Geheiß und zu seinem Gefal-
len zum Narren machen, hunderte von Hirschen sich vor
die Flinte treiben lassend und Militärparaden abhaltend
– pausenlos, eine tragische Fehlbesetzung. Besser als Peter
Schamoni hat das die Kaisermutter gewusst.
Nein, hier entlarvt gegen seinen Willen Peter Schamoni
mit diesem tragikomischen Wilhelm II. auch das System,
das ihn hervorgebracht hat und das er repräsentiert. Ma-
kaber, auf seiner Yacht im norwegischen Fjord erfährt er
von den Schüssen von Sarajewo. Er schickt die Soldaten
in den furchtbaren Ersten Weltkrieg, von einem gerechten
Krieg, den man mit Gottes Hilfe gewinnen wird, faselnd.
Dass er abdankt, bevor es zur Revolution kommt, ist der
einzige Dienst, den er dem gebeutelten Land noch tun
kann.
Nein, sehr geehrter Peter Schamoni, die Geschichte muss
Gott sei Dank nicht umgeschrieben werden, wir wollen
unseren Kaiser Wilhelm, weder I noch II, weder mit noch
ohne Bart, und das System der preußischen Drei-Klassen
wirklich nicht wiederhaben.
Trotz meines Ärgers: Kineastisch ist der Film ein authen-

tisches Dokument der Filmgeschichte. Er übt allerdings
eine Faszination aus, die ich auf junge Menschen nicht
ohne weiteres wirken lassen möchte.

Dieses Staatsoberhaupt passt zu der deutschen Ge-
mütslage am Vorabend des Krieges.

An dieser Stelle möchte ich ein paar sehr persönliche
Bemerkungen machen, die meine Verve erklären können. Mein Vater, Jahrgang 1898, wurde 1916 eingezo-
gen und kam an die Front nach Frankreich. Gleich bei
einem der ersten Einsätze wurde er durch einen Granatsplitter schwer verwundet, kam glücklicherweise
in ein gut ausgestattetes Lazarett nach Würzburg und
danach nicht mehr zum Einsatz. Der Granatsplitter
blieb so etwas wie eine Familienreliquie. Sein ein Jahr
jüngerer Bruder Franz fiel 1918. (Obwohl es im en-
geren Sinne nicht hierhin passt, erwähne ich, dass die
noch verbliebene Schwester meines Vaters im nächsten Krieg 1944 bei einer Panik im Luftschutzbunker
in Gelsenkirchen mit ihrer zehnjährigen Tochter ums
Leben kam.)

Vor einigen Jahren fiel mir bei der Arbeit am Heimatbuch des Dorfes Brenken durch glückliche Umstände
ein dickes, leinengebundenes Buch in die Hände. Es
nennt sich: »Ehrenbuch der Gemeinde«. Niemand im
Dorf hatte davon mehr Kenntnis. Inzwischen ist es
als Kopie im Archiv des Kreises Paderborn und als
Original im Archiv Erpernburg archiviert. Sorgfältig

werden alle Soldaten aus dem Dorf aufgelistet, geordnet nach Einberufungsjahrgang. Verzeichnet sind Einsatzort, Dienstgrade, Auszeichnungen, Verwundungen und die Gefallenen, Vermissten und in Gefangenschaft Geratenen. 233 Männer waren im Einsatz, 32 fielen und drei blieben vermisst. Die Ältesten gehörten dem Jahrgang 1877 an, waren also 1914 bereits 37 Jahre alt und bei Kriegsende 41. Das Dorf hatte damals etwa achthundert Einwohner. Die zweite Hälfte dieses Buches aber ist eine einzige Sammlung von Kriegsverherrlichungsliteratur der Kriegs- und Vorkriegszeit in Lyrik und Prosa, furchtbar aus unserer heutigen Sicht, damals aber ein Ausdruck des Zeitgeistes und sicherlich wirkmächtig.

Auch mein Schwiegervater Fritz Rochell, Jahrgang 1900, war beteiligt, wenn auch nur als 16-jähriger Volontär, der als Mittlere-Reife-Absolvent brennend darauf wartete, endlich Soldat werden zu können, was ihm aber glücklicherweise dadurch verwehrt blieb, dass ein Bruder schwer verwundet war und bereits weitere Brüder Soldaten waren. Ein Fotodokument zeigt ihn mit anderen Soldaten, wahrscheinlich alle aus ihrem Heimatdorf Brenken, als »Hospitant« oder »Aspirant« in Frankreich. Trotz bereits erfolgter Kriegsgräuel zeigte man sich äußerlich unbeeindruckt entspannt.

Abb. 6: Fritz Rochell (2. v. li.) mit Soldaten
aus seinem Heimatdorf

Die Thematik muss jemanden wie mich umtreiben, aber sie hat auch Dutzende herausragender Historiker umgetrieben. Deren Kompetenz und Urteilskraft will ich mir nicht anmaßen. Worum aber wird gestritten?

Fritz Fischer hat 1961 sein Buch »Griff nach der Weltmacht – Die Kriegszielpolitik des Kaiserlichen Deutschland« veröffentlicht. Es stieß auf ungeheure Resonanz, aber auch auf erheblichen Gegenwind aus der Historikerzunft. Es lässt sich aber sagen, dass seine These von der Hauptverantwortung Deutschlands überwiegend akzeptiert ist. Lediglich darin ist man ihm nicht gefolgt, dass Deutschland gezielt auf diesen Krieg hingearbeitet habe. Das mag man vielleicht so sehen. In seinem Buch schreibt Fischer, den Begriff der Kriegsschuldfrage bewusst vermeidend:

»Bei der angespannten Weltlage des Jahres 1914, nicht zuletzt als Folge der deutschen Weltpolitik, musste jeder begrenzte (lokale) Krieg in Europa, an dem eine Großmacht beteiligt war, die Gefahr eines allgemeinen Krieges unvermeidbar nahe heranrücken. Da Deutschland den österreichisch-serbischen Krieg gewollt, gewünscht und gedeckt hat, und, im Vertrauen auf die deutsche militärische Überlegenheit, es im Jahre 1914 bewusst auf einen Konflikt mit Russland und Frankreich ankommen ließ, trägt die deutsche Reichsführung einen erheblichen Teil der historischen Verantwortung für den Ausbruch des allgemeinen Krieges.«

Seine Gegner von damals hoben darauf ab, dass Deutschland aus einem »Gefühl der Defensive« in den Krieg gezogen sei, es mithin auch keine Hauptverantwortung trage und dass damit der späteren Verurteilung Deutschlands als Alleinschuldigen im Versailler Vertrag natürlich vehement entgegengetreten werden müsse. Dahinter standen (und stehen?) große Teile der deutschen Konservativen. Ich schließe mich dem z. T. an und sage: Das war ein Siegerdiktat. Es hat, wie wir heute wissen, schreckliche Folgen gehabt. »Aus einem Gefühl der Defensive« möchte ich nicht übernehmen. Vom Ende her darf man aber das Geschehen von 1914 nicht deuten. Die Fischer'sche Betonung der deutschen Hauptverantwortung hat z. B. den Kniefall Willy Brandts in Warschau und die große Rede von Richard von Weizäcker zur 40-jährigen Wiederkehr des Kriegsendes des Zweiten Weltkrieges mit befördert. Beiden ging es um Verantwortung *und* Schuld. Das rechtskonservative Spektrum tut sich bis heute schwer damit.

2013 veröffentlichte der britische Historiker Christopher Clark sein voluminöses Buch »Die Schlafwandler«. Wie »Sleepwalkers«, so der englische Titel, seien alle Kriegsparteien in die Katastrophe hineingeschlittert. Alle sind also gleich verantwortlich und damit eigentlich nicht verantwortlich. Clark ist ein ungeheuer akribisch arbeitender Wissenschaftler, alle verfügbaren Quellen hat er herangezogen. Es wird ihm große Sorgfalt und Objektivität bescheinigt. Clark ist dem Deutschen Reich wohlgesonnen. Trotzdem: Sollen und müssen wir etwas revidieren?

Einiges vielleicht, was aber die deutsche Verantwortung angeht, meiner Meinung nach nichts. Daher füge ich zum Schluss noch eine Aussage des Reichskanzlers von Bethmann Hollweg an, die er aber erst nach seinem erzwungenen Ausscheiden getan hat. Für mich ist es trotzdem eine wichtige Aussage. Sie zeigt die Haltung der deutschen Führung vor dem Krieg. Clark erwähnt sie nicht.

»Aber wenn der Krieg doch über uns hing, wenn er in zwei Jahren noch gefährlicher und unentrinnbarer gekommen wäre, und wenn die Militärs sagen, jetzt ist es

*noch möglich, ohne zu unterliegen, in zwei Jahren nicht
mehr. Ja, die Militärs!«*

Generalstabschef war zu der Zeit Helmut von Molt-
ke. Er jedenfalls hat die Option Krieg in Gestalt
eines »Präventiv«-Krieges jeder anderen Lösung
vorgezogen.

Meine Einschätzung bleibt die, dass das deutsche
Kaiserreich eine große Verantwortung trägt. »Haupt«-
oder »Alleinschuld« muss ich nicht (mehr) verwenden, um erklären zu können, wie die Urkatastrophe
ihren Lauf nahm und was Verantwortungslosigkeit
bewirkte und auch heute wieder bewirken könnte.

Knapp zweihundert Jahre lagen zum Ende dieser
Urkatastrophe hinter der preußischen Geschichte,
die 1871 zur deutschen Geschichte wurde mit allen
furchtbaren Folgen. An einigen Beispielen möchte
ich aufzeigen, welche wirkmächtige Rolle die Religion vor der Urkatastrophe gespielt hat.

Der Urahn Wilhelms II. war Friedrich II., von den
Deutschen ehrfürchtig mit dem Attribut »der Große«
geschmückt. Trotz aufgeklärtem Geist wurde er zu
einem machtbewussten Potentaten und Kriegsherrn.
Dass »jeder nach seiner Fasson selig werden konnte«
(Friedrich II.), hieß natürlich nicht, dass das auch bei
der breiten Masse seiner Untertanen Wirkung entfaltet hätte. Dafür war die Zeit noch nicht reif. Nach der
knapp gewonnenen Schlacht gegen die Österreicher
am 5. Dezember 1757 bei Leuthen, eine seiner vielen

Schlachten und Kriege mit hunderttausenden Toten und Verwundeten, stimmten die 25.000 Überlebenden den berühmten Choral an: »Nun danket alle Gott …«. So war es immer im christlichen Abendland vor und nach den Gemetzeln. Priester rissen die Soldaten zu Inbrunst hin, man konnte Angst verdrängen oder hatte »Heil« durch den Sieg gewonnen. Gott war immer an der eigenen Seite. Mit großem Pathos wurde 1932/33 der Film »Der Choral von Leuthen« gedreht und diente den Nationalsozialisten zur völkischen Stimulierung. Als 1955 die letzten deutschen Kriegsgefangenen aus Russland zurückkamen und im Lager Friedland begeistert empfangen wurden, stimmten auch sie diesen bewegenden Choral an. In dieser unfassbar emotionalen Situation war die Botschaft: Wir haben Furchtbares erlebt und durchlitten, aber Gott hat uns gerettet. Die Gefühle der Männer waren echt; es kommt nicht zum Bewusstsein, dass Millionen andere nicht gerettet wurden. Religiöse Inbrunst ist spontan immer echt und kann dennoch ein Manipulationsinstrument werden.

Religion und Gott sollten immer an der Seite der Mächtigen sein, auch dann noch, als man bereits aufgeklärt dachte. Eindrucksvoll und perfide hat uns das der Usurpator Napoleon Bonaparte vor Augen geführt, als er sich selbst und seiner Gemahlin Josephine 1804 in Notre Dame die Kaiserkrone aufs Haupt setzte. Als Kronzeuge und Staffage für den Akt der

»göttlichen« Legitimation war Papst Pius VII. anwesend, gegen einen kleinen Landtausch-Deal mit
Napoleon.

Den Usurpator und Parvenü konnten die alten Kaiser-
und Königreiche Europas bei Waterloo 1815 endgültig besiegen, nachdem dieser 1806 das tausendjährige,
morsche Heilige Römische Reich Deutscher Nation
endgültig zum Erlöschen gebracht hatte. Ihre inneren Verfasstheiten blieben bis zum Ende des Ersten
Weltkrieges jedoch autoritär, antidemokratisch und
staatskirchenrechtlich christlich und russisch- oder
serbisch-orthodox geprägt. Die jeweiligen National-
kirchen befeuerten die Machtansprüche und -gelüs-
te der Potentaten und ihrer Regierungen. Herwig
Münkler, Historiker, drückt es so aus: »Für die weltli-
chen Machthaber bekam Krieg eine rationale Erklärung, wobei das Primat der Staatspolitik vor persönlichen und religiösen Interessen betont wurde.« Die
Zeit der Glaubenskriege war vorbei, aber die Sprache
blieb religiös hinterlegt. Münkler sagt: »Erziehung
zur Tugend durch Kriegsdienst wurde zunehmend
quasi-religiös überhöht.« Einige Zitate berühmter
Intellektueller des 19. Jahrhunderts belegen es.
1813 schreibt Friedrich-Ludwig Jahn (»Turnvater«
Jahn): *»Die künftige Zeit wird Kriege und Völkerschei-
den erleben, aber es werden heilige Kriege sein.«* Wie
furchtbar hellsichtig!
Ernst-Moritz Arndt sagt es so: *»Der Krieg für das Va-*

*terland ist ein heiliger Krieg und die Menschen müssen
also ihre Herzen und Gedanken zu Gott zum Himmel
erheben. Sowie die junge Mannschaft versammelt ist,
wird feierlich Gottesdienst gehalten, es wird ihnen ein-
geschärft, daß der Tod fürs Vaterland im Himmel und
auf Erden ein großes Lob ist; es wird durch Recht und
Predigten und durch geistliche und kriegerische Lieder ihr
Gemüt zu Treue, Ruhm und Tugend entzündet.«* Eine
solche Erziehung hat Wirkung entfaltet, die bis zu
den Nationalsozialisten gereicht hat. Das humanisti-
sche Ernst-Moritz-Arndt-Gymnasium in Bonn trägt
bis heute stolz diesen Namen. Humanistisch hießen
seit dem großen Aufklärer und Bildungsreformer
Wilhelm von Humboldt die altsprachlichen Gymna-
sien. Ob Ernst-Moritz Arndt aufgeklärt und säkular
dachte, darf bezweifelt werden, von humanistischem
Denken jedenfalls ist er weit entfernt, sondern eher
einem Denken an den »Gott, der Eisen wachsen ließ«
(sein Vaterlandslied) zugetan. Mit solcherlei Gesin-
nung wurden die Urkatastrophe von 1914 bis 1918
und die spätere noch größere Katastrophe von 1933
bis 1945 möglich. Es waren die Zeiten der großen
Aufklärungsverweigerung, wie wir wissen, ein Rückfall in die Barbarei. Für die Menschen in Deutschland
sollte das der Vergangenheit angehören.

Ganz gewöhnlich
(im Sommer 2011)

Der Mensch, sagt die Forschung, wird mittlerweile mit hundert Milliarden Bytes pro Sekunde an Reizen konfrontiert. Bewusst verarbeiten kann er hundert Bytes. Aber, shit sells!
Schon Kurt Tucholski fasste 1931 in der Weltbühne diese bemerkenswerte Erkenntnis poetisch zusammen:

Jeder Direktor mit dickem Popo spricht:
»Das Publikum will es so!«
Jeder Filmfritze sagt: »Was soll ich machen?
Das Publikum wünscht diese zuckrigen Sachen!«
Jeder Verleger zuckt die Achseln und spricht:
»Gute Bücher geh'n eben nicht!«
Sag mal, verehrtes Publikum:
»Bist du wirklich so dumm?«

(Entnommen dem Buch von Tom Schimmek,
Am besten nichts Neues – Medien, Macht und Meinungsmache)

Es ist Samstag, der 13. August 2011. Meine tägliche morgendliche Radtour mit meinem Hund liegt hinter mir, das ›Westfälische Volksblatt‹ und ›Die Zeit‹ liegen vor mir, die Radio-Polit-Satire von Peter Zudeick (immer samstags) klingt mir im Ohr, ich zeige ein verständnisinniges Lächeln und denke: Es ist alles ganz normal, wie immer, alltäglich, vertraut und nicht beunruhigend.

Ein bedeutendes Ereignis jährt sich zum fünfzigsten Mal: Der Mauerbau in Berlin (»Niemand hat die Absicht, eine Mauer zu bauen«, W. Ulbricht). Im Radio halten die üblichen Zuständigen die üblichen Reden mit den üblichen Sprachkonstrukten. Die Menschen verarbeiten die mediale Berieselung in der für sie je üblichen Art und Weise, emotional Zustimmung oder Kritik (inwendig) zeigend oder als unbetroffen unbeteiligte Mehrheit.

Unser ›Westfälisches Volksblatt‹ (konservativ, christlich) eröffnet mit einem bekannten Bild eines über den Stacheldraht springenden Grenzsoldaten der DDR und versieht das Bild mit einem schmalen Text: »Mauerbau und Gedenken an die Opfer«.

Verzeihung, es ist ein wenig Irreführung im Spiel, ich will nicht die für den heutigen Tag angemessene gefühlige Geschichtsrezeption zum x-ten Male wiederkäuen, will aber wenigstens erwähnen dürfen, dass diese triefenden Wortkaskaden ohne historische Einbettung für mich verlogen sind. Ich meine den Faschismus mit Millionen Toten und seine kausale Bedeutung für alles Nachfolgende.

Aber eine ganz persönliche Reminiszenz verbindet mich mit diesem Tag. Am 12. August 1961 brachen mein Freund und ich zu unserer Radtour in die Niederlande auf. An diesem Tag fuhren wir von Büren bis Enschede (ein verflucht langes und widriges End) und übernachteten dort in der Jugendherberge. Am Morgen des 13. August gab es in der Jugendherberge große Aufregung, weinende Jugendliche liefen herum. Es waren Berliner, die gerade aus den Radionachrichten gehört hatten, dass sich in Berlin Unfassbares abspielte: Die Abriegelung des Berliner Ostteils. Es war mit dem Schlimmsten zu rechnen, auch wir waren verunsichert (inzwischen hatte sich uns ein dritter Hollandfahrer angeschlossen), brachen dann aber doch Richtung Amsterdam auf, das wir am Abend bei strömendem Regen erreichten, und fanden glücklicherweise noch eine Unterkunft in einem Youth Hostel. Dort kamen wir als Achtzehnjährige auf andere Gedanken.

Heute sind in Europa Kriegsgefahren nicht in Sicht, für viele Menschen ist ein erklecklicher Wohlstand selbstverständlich, wobei der exorbitante und ungerechtfertigte Reichtum einer kleinen »Elite« (?) und die ebenso himmelschreiende Armut einer größer werdenden Zahl von Menschen bei uns und das unvorstellbare Hunger- und Todeselend von Millionen von Afrikanern, Asiaten, Lateinamerikanern und anderen Abgehängten dieser Erde bereits Teil der kommenden Niedergangsgeschichte unserer Zivilisation sind (ich erspare mir nähere Erläuterungen an dieser Stelle, da es so etwas wie Evidenz gibt).

Das System, das seine Apologeten euphemistisch »Marktwirtschaft« nennen und das doch nichts anderes ist als der alte Kapitalismus des Adam Smith (»led by an invisible hand« kann der Kapitalist machen, was er will, es kommt immer nur Gutes dabei heraus, nämlich Wohlstand für alle), ist an sein wahrscheinlich bitteres Ende gekommen, obwohl oder gerade weil er so grenzenlos effizient ist. Seine Effizienz ist die Ausbeutung und Vernichtung von Ressourcen unseres Biotops Erde und die Anhäufung von unsittlichem Reichtum. Um gleich einem Einwand zu begegnen: Ich meine nicht den normalen selbstständigen Unternehmer, der mit ein wenig Geld (Kapital) und noch mehr Arbeit ein wenig mehr Geld (Kapital) schöpfen will, sondern den »Profit-Kapitalisten«, der mit (Spiel-) Geld und Spekulation viel mehr Geld (Kapital) erzeugt.

»Vier Euro-Länder bremsen Spekulanten«, wirft die Westfalen-Zeitung unseren Blick wieder auf die normalen Krisen der Gegenwart: Finanzkrise, Bankenkrise, Schuldenkrise, Immobilienkrise, Eurokrise. Da kann doch ein Journalist sich richtig austoben, kommentieren, analysieren, zitieren usw., d. h. er wird wie die immer gleichen Protagonisten der veröffentlichten Meinung seinen Senf hinzufügen.

›Die Zeit‹ zitiert Milton Friedman (Wirtschaftsguru): »There is no thing as a free lunch«, und übersetzt es sinngemäß so: »*Es gibt keine Wunder in der Wirtschaft,*

Wohlstand muss verdient werden, und für jede Krise bekommen wir die Rechnung.« So weit, so nebulös!

Auf der nächsten Seite fasst ein Kulturwissenschaftler seine Systemanalyse am Ende eines Interviews so zusammen: »*Der Kapitalismus wird, anders als es Karl Marx in seiner ansonsten stimmigen Krisentheorie prognostiziert, nicht von selbst an sein Ende gelangen und nicht an irgendwelchen inneren Widersprüchen zugrunde gehen. Das Ganze wird immer weiter und umso besser funktionieren, je mehr alles aus dem Leim geht.*«

Von sieben Milliarden Menschen lebt gerade einmal eine Milliarde einigermaßen kommod, weitere fünf Milliarden leben mehr oder weniger schlecht, eine Milliarde ist von akutem Hungertod bedroht. Überbevölkerung, Bürgerkriege, Dürren und Staatenzerfall tun ein Übriges. Wir leben in Saus und Braus, eben in spätrömischer Dekadenz (»panem et circenses«), wie ein gewisser Guido Westerwelle sachlich richtig, aber politisch inkorrekt anmerkte. Dazu berichtet heute die Westfalen-Zeitung von einem spanischen Fußballprofi der ersten Division, der angewidert aus diesem »Verblödungssystem Fußball«, so nennt er es, ausgestiegen ist, ganz freiwillig und bewusst. Dazu bemerkt der Zirkusveranstalter (Vereinsmanager) lapidar: »Er war schon immer ein komischer Junge.« So läuft es eben und der triefende Bericht im selben Heimatblatt über den rüpelhaften Puff-Besuch eines gewissen Herrn Sch. von Arminia Bielefeld soll den

moralischen Anspruch einer konservativen Heimatzeitung ins rechte Licht rücken und ganz nebenbei
zeigen: »Sünde« lohnt sich nicht. Nun noch schnell
einen Blick in den Lokalteil des ›Westfälischen
Volksblatts‹, noch christlich-konservativer und volks-
tümelnder ausgerichtet als der Hauptteil, zurück in
die warme Stube der Heimat (Idylle). Heimat, das ist:
Kirche im Dorf, der Schützenverein, gute Menschen
mit guten Taten und Botschaften und mit Idealen
(»seit fünfzig Jahren Treue zum Verein«). Es ist ein
ziemlich irreales (surreales?) Heimat-Panoptikum,
welches uns hier Seite um Seite mit seinen Berichten
über Schützenfeste (Glaube, Sitte, Heimat) als eine
heile, gesittete, grundanständige Welt vor Augen geführt wird.

Krasser kann der Gegensatz zu den »Vandalen«, dem
»Mob«, den »Gangs« von London kaum sein, über die
im Weltteil des ›Westfälischen Volksblatts‹ zu berichten ist. Man spürt das Grauen des Redakteurs, seinen
Abscheu, und möchte auch den von ihm aufgeführ-
ten Gegenmitteln aus der sozialromantisch-pädago-
gischen Abteilung ein wenig Hoffnung abgewinnen:
Bildung und Streetworker. Dass man aber auch mit
anderen Bandagen kämpfen kann, macht Premier
Cameron deutlich, wenn er den Tätern harte Strafen androht. (Die englischen wie auch die amerikanischen Jugendknaste, auch unsere deutschen, sind
bereits jetzt überfüllt.)

Also, alles wie gehabt, bis zu den Olympischen Spielen 2012 wird London wieder eine »Oase der Ruhe« sein, eine Idylle (Bildchen) der Wirklichkeit.

Dann aber kommt aus dem Radio der nächste wirkliche Aufreger dieses Morgens: Herr Klaus (Präsident) und ein Purpurträger (Kardinal) haben sich zur ersten geplanten Homosexuellen-Demo in Prag geäußert, »abartig« und »Sittenverfall« sind die bekannten Verdikte dagegen. Da ist sie wieder, die von mir immer wieder angeprangerte »unheilige Dreifaltigkeit« aus Gegenaufklärung, Konservativismus und Religion. Seit der jüngeren Steinzeit, also der Sesshaftwerdung des Homo sapiens, werden die Menschen damit in Schach gehalten. Ich behaupte einfach mal ungeschützt, dass es auch im steinzeitlichen Dorf »aufgeklärtere« (klügere, rationaler denkende, kritischere) Zeitgenossen gab, die von den Inhabern der gottverliehenen Macht traktiert werden konnten und wahrscheinlich auch wurden. Auf dem Tisch liegt Richard Dawkins Buch »Der Gotteswahn«, das ich noch einmal auszugsweise lese. Meinem »Humanismus ohne Gott« entsprechen seine ausladenden Beweisketten, aber ich bedauere Dawkins auch ein wenig, unternimmt er doch den untauglichen Versuch, wissenschaftlich zu beweisen, dass es »Etwas«, was es nicht gibt, nicht gibt! (Man verzeihe diesen Kalauer.) Untauglich ist der Versuch, weil alle Monotheismus-Anhänger (ich meine den fundamentalistischen Kern) gegenüber einer wissenschaftlichen Beweisführung völlig immun sind. Ihr Standardsatz lautet: »Trotzdem glaube ich.« Also weiter mit Glaube, Sitte, Heimat beziehungsweise mit »Tea-Party«, fundamentalistischen Evangelikalen, Katholiken, Lutheranern, Sunniten, Schiiten und den weiteren sektiererischen Ablegern sowie orthodoxen Juden und mit Buddhisten, Hinduisten und Schamanisten. Es ist eine surreale Welt und sie passt sehr gut zur surrealen Welt des Kapitalismus: Sie alle setzen auf Erlösung durch höhere Mächte, Götter, Geister und Märkte, und drohen allen Nein-Sagern die fürchterlichsten Strafen an.

Noch einmal greife ich zum Feuilleton der ›Zeit‹ und finde zwei ausladende Beiträge über den norwegischen Massenmörder Anders Breivik. Eine katholische Theologieprofessorin entdeckt durchaus christliche Wurzeln in seinem 1.500-seitigen Manifest, sein christlicher Fundamentalismus entlarve sich in seinem Antiislamismus und seinem Kreuzrittertum. Insofern, meint sie, muss man ihn durchaus ernst nehmen. Der andere Autor seziert seine Performance als schottischer Freimaurer. Sie sei sachlich falsch, denn dann hätte er sich anstatt mit blauer Schärpe mit roter Schärpe darstellen müssen. Mir entringt sich ein Seufzer und ich denke: »So what!« Unsere Heimatzeitung lässt erkennen, dass es ihr am liebsten wäre, wenn man es mit einem abartigen Psychopathen zu tun hätte, der in die forensische Anstalt weggesperrt gehört. So wird es richtigerweise kommen, seine Gedankenwelt dürfen wir aber nicht einfach ad acta legen, knüpft sie doch an weitverbreitete fundamentalistische und rechte Irrationalismen an.

Für diesen 13. August 2011 reicht das. Kurz noch ein Blick in den Lokalteil. Ein 17-jähriger Traktorist hat den Getreideanhänger in der Nacht auf der Landstraße zum Umkippen gebracht. Gott sei Dank, gemeint sind das zufällige gute »Schicksal« und die günstige Verkettung der Ursachen, entstand kein »Personenschaden«. Ich ärgere mich über eine Party von Jugendlichen mit unkontrolliertem Alkoholverzehr an einer Hütte weit vom Schuss, ich freue mich mit meiner Frau, dass wir unsere Arbeit am Brenkener Heimatbuch heute abschließen können, und habe am Nachmittag Spaß bei unserem Tennis-Doppel aus Büren gegen ein »Kölner«-Doppel, das wir gewinnen. Eben ein ganz normaler Tag und nur auszuhalten, weil unser Gehirn das meiste schnell wieder vergisst. So verschont es uns vor schlimmen Grübeleien.

Die Erniedrigung

Abb. 7: Edvard Munch, Der Schrei

Wir ›wer sind »Wir«?‹ wollen keine Hoheiten, keine Herrschaftszeichen, keine gott- oder traditionsgegebenen Verbote, Gebote, Regeln, Usancen, Verhaltenskodizes, keinen Knigge, kein Brauchtum, keine Grenzen, Eingrenzungen, Wegmarken, Sittlichkeiten und Schicklichkeiten, wir wollen alles, jetzt und jederzeit, sofort, einschränkungslos, folgenlos, sinnlos. Wir ›wer sind »Wir«‹ haben einen Kulturbruch. Er ist schon vollzogen, unwiderruflich, ohne erkennbare Gegenwehr (von wem?), schleichend, aber schnell, umfassend, grenzenlos, geschmacklos, kritiklos.

Wir ›wer sind »Wir«‹ wehren uns, sollten uns wehren, wollen uns wehren, wollen räsonieren, kritisieren, uns einmischen, gegen die Unsäglichkeiten ankämpfen (wo? wann? wie?), gewaltlos und folgenlos.

Wir sind erniedrigt, fühlen uns erniedrigt, fühlen uns ohnmächtig, ertragen es nicht, sehen weg, sehen darüber hinweg, haben Verständnis, bescheiden uns (»Trautes Heim, Glück allein«), beruhigen uns, lassen uns beruhigen, lassen uns ablenken, wollen nicht hinsehen, wollen es nicht bemerken, wollen so tun, als ob etwas in Ordnung wäre, etwas seinen geregelten Gang ginge, etwas nicht ganz so schlimm wäre, etwas ohnehin nicht zu ändern wäre.

Wir sind träge, faul, bequem, geschichtsvergessen, geistig unbeweglich, spaßversessen, töricht und oberflächlich (»Ein bisschen Spaß muss sein!«).

So ist es nun mal! Aber es ist nicht so, wie es sein sollte, könnte, müsste, um würdevoll Mensch sein zu können.

Immer wieder wird die Würde des Menschen beschworen. Was genau sie ausmachen soll, ist in der globalen Welt sehr unklar.

Stattdessen sehen wir den gigantischen Dampfer, genannt Menschheit oder Zivilisation, volle Kraft voraus in dieselbe Richtung weiterlaufen, das Riff oder der Felsen ist schon in Sicht, auf der Brücke herrscht

Chaos. Stoppen und volle Kraft zurück, der Auslaufweg ist zu weit, der Crash unausweichlich, aber vielleicht mit begrenztem Schaden, harte Ruderbewegungen nach Steuerbord oder Backbord erfordern Mut, können schiefgehen, werden unsere Zivilisation stark erschüttern mit unabsehbaren Folgen und der Gefahr einer völligen Katastrophe.

Warum diese Zivilisation mit Tendenz zur völligen Verblödung, zur Kultur- und Aufklärungsverweigerung gerettet werden sollte, sich selbst retten könnte, vermag ich nicht zu erkennen.

Aber: Es gibt sie, die Macht höchst unwahrscheinlicher Ereignisse, wie Nassim Nicholas Taleb sie in seinem Buch »Der Schwarze Schwan« beschreibt.

Es *wird* so ein Ereignis geben! Nicht von einem Gott gemacht, sondern von den Naturgewalten, die sich menschlicher Verfügungsmacht entziehen, oder von Menschen (so viel Hoffnung muss sein), die, entgegen jeglicher Erwartung und Wahrscheinlichkeit, den Absprung schaffen und eine andere Menschheitsgeschichte in Gang setzen. Sie wird geprägt sein von einem nachhaltigen, d. h. die Überlebensfähigkeit befördernden Umgang mit unseren knappen Ressourcen, von Gerechtigkeit im Zugang zu ihnen und der Verteilung derselben, von Verzicht auf militärische Gewaltandrohung oder gar Gewaltanwendung, von einer Abkehr von der medialen Verblödungsmaschinerie, einer strikten Trennung von Religion und Staat, einer Abkehr von religiösem Obskurantismus durch Aufklärung, Kunst und Wissenschaft, also durch Bildung, durch Abkehr von der Spaßgesellschaft und der überbordenden Eventkultur und zu einem Mut machenden Bekenntnis zum würdevollen Leben im Hier und Jetzt ohne die Flucht in ein nicht vorhandenes Jenseits.

Literaturverzeichnis

BITTNER, Jochen: Dreimal Krieg, in: Die Zeit 36/2013

EHRENBUCH DER GEMEINDE BRENKEN 1914 – 1918, KRUMEICH, GERD: Wie konnte es dazu kommen, in: Neue Züricher Zeitung vom 27.06.2014

FISCHERMANN, Thomas: Der Wohlstandsprediger im Wahlkampf, in: zeit online vom 02.10.2014

HAWKINS, Stephen: Weil es das Gesetz... in: Die Zeit, 37/2010

HEUSER, Jean: Cool durch die Krise, in: Die Zeit 33/2011

JOFFE, Josef: Strafe ist keine Strategie, in: Die Zeit 36/2013

derselbe: Auch ein Menschenrechtskrieg ist ein Krieg, in: Die Zeit 38/2013

KÜHN, Manfred: Kant, Eine Biographie, S. 16

KÜNG, Hans: Weltethos, zitiert in: Michael Schmidt-Salomon, Manifest des evolutionären Humanismus, SS 66/67

LEICK, Romain: Das Ich ist ein Märchen, in: Der Spiegel 7/2012

MUSHARBARHAS, Yassim: Gute, Schlimme, Böse, in: Die Zeit 36/2013

NASS, Matthias: Es muss sein, in: Die Zeit 36/2013

NEEF, Christian: Jeder Westler ist ein Rassist, in: Der
Spiegel 29/2014

Ross, Jan: Einer trägt die Schuld, in: Die Zeit 36/2013

SCHWÄGERL, Christian: Kopenhagen ist ein Täu-
schungsmanöver, in: Spiegel Online vom 09.12.2009

SCHULTE VON DRACH, Markus: Ethnien und Religion sind keine Kriegsursachen, in: Süddeutsche.de
vom 30.10.2007

SCHWARZ, Patrik: Auch ein Wunder, in: Die Zeit
53/2009

Zum Weiterlesen

Wo man Wichtiges und Erhellendes zu den verschiedenen Themenfeldern finden und nachlesen kann

z. B. bei Wikipedia

Aufklärung, Humanismus, Julian Huxley und der evolutionäre Humanismus, Säkularisation, Immanuel Kant, Thomas Paine, Thomas Jefferson, Hans Küng: Projekt Weltethos, Zivilreligion, Islam, Grundrechte, Gottesbezug, Religionen, Religionsfreiheit, Staatsleistung, Kirchensteuer, Beschneidung u. a. m.

oder bei der Giordano-Bruno-Stiftung (gbs)
(www.giordano-bruno-stiftung.de)

oder in Büchern und Texten

ABDEL-SAMAD, Hamed: Der Untergang der islamischen Welt, München 2011
derselbe: Der islamische Faschismus, München 2014
derselbe: Mein Abschied vom Himmel, München 2010
ALTMANN, Andreas: Das Scheißleben meines Vaters, das Scheißleben meiner Mutter und meine eigene Scheißjugend, München 2011

derselbe: Verdammtes Land – Eine Reise durch Palästina, München 2014

ASSMANN, Jan: Die mosaische Unterscheidung oder der Preis des Monotheismus, München 2010

BECK, Ulrich: Der eigene Gott, Leipzig 2008

BUNDESZENTRALE FÜR POLITISCHE BILDUNG, Religion und Gesellschaft: APUZ 6/2007

CAMUS, Albert: Der Mythos des Sisyphos, Hamburg 1999

CLARK, Christopher: Die Schlafwandler, München 2013

DAWKINS, Richard: Der Gotteswahn, Berlin 2008

derselbe: Geschichten vom Ursprung des Lebens, Berlin 2008

DESCHNER, Karlheinz: Abermals krähte der Hahn, Lahnstein 2010

derselbe: Kriminalgeschichte des Christentums, Bd. I– IX, Lahnstein 1986 bis 2008 (jetzt auch Bd. 10 erschienen)

derselbe: »Wie man Seliger wird«, zum Besuch Benedikts XVI. in Deutschland, erschienen in der Frankfurter Rundschau vom 21.09.2011

DIAMOND, Jared: Kollaps, Frankfurt und New York 2005

FISCHER, Fritz: Griff nach der Weltmacht. Die Kriegszielpolitik des kaiserlichen Deutschland 1914 – 1918, Düsseldorf 1961

FRERK, Carsten: Kirchenfinanzen, Aschaffenburg 2010

GEIER, Manfred: Aufklärung – Das europäische Projekt, Hamburg 2012

GOETHE, Johann Wolfgang von: Poetische Werke, Bd. 2, Berlin 1960

KAHL, Joachim: Das Elend des Christentums oder Plädoyer für eine Humanität ohne Gott, Hamburg 1968

KANT, Immanuel: Die Religion innerhalb der Grenzen der bloßen Vernunft, Hamburg 2003

derselbe: Beantwortung der Frage: Was ist Aufklärung, Ausgewählte kleine Schriften, in: H. D. Brandt, Philosophische Bibliothek, Hamburg 1999

derselbe: Kritik der reinen Vernunft, Hamburg 2014

MEADOWS, Dennis: Die Grenzen des Wachstums, Stuttgart 1972

METZINGER, Thomas: Spiritualität und intellektuelle Redlichkeit, Mainz 2013

MOMBAUER, Annika: Die Julikrise, München 2014

MÜNKLER, Herwig: Krieg und Frieden, in: Llanque, Marcus, Münkler, Herwig: Politische Theorie und Ideengeschichte, S. 97 ff.

NEUMANN, Thomas (Hrsg.): Quellen zur Geschichte Thüringens, 18 – Pädagogik im 18. und 19. Jahrhundert, Landeszentrale für politische Bildung Thüringen

RANDERS, Jürgen: 2052 – Der neue Bericht an den Club of Rome, München 2013

SCHIMMEK, Tom: Am besten nichts Neues, Frankfurt 2010

SCHMIDT-SALOMON, Michael: Manifest des evolutionären Humanismus, Aschaffenburg 2006

SCHMIDT-SALOMON, Michael; NYNKE, Helge: Wo bitte geht's zu Gott? fragte das kleine Ferkel, Aschaffenburg 2007

SCHOLL-LATOUR, Peter: Arabiens Stunde der Wahrheit, Berlin 2011, und weitere Bücher von ihm (Anm.: Kein Aufklärer, aber ein Arabien- und Islam-Kenner)

SLOTERDIJK, Peter: Im Schatten des Sinai, Berlin 2013

TALEB, Nassim Nicholas: Der Schwarze Schwan, München 2008

TUCHMANN, Barbara: Der ferne Spiegel, München 2010

WIECZOREK, Thomas: Die Verblödete Republik, München 2009

Abbildungsnachweis

Abb. 1: © dpa Picture-Alliance GmbH, Bild Nr. 30266974

Abb. 2: © Wikipedia, Commons, Deus lo Vult

Abb. 3: © Neue Westfälische, Fotonachweis

Abb. 4: © Wikipedia, Commons, Autodafé

Abb. 5: © Fotosammlung Gerd Ossenbrink

Abb. 6: © Fotosammlung Gerd Ossenbrink